KB265045

NEW

일본어능력시험 답다!

이종권 저

N1 언어지식 (문자어휘·문법)

머리말

  새롭게 개정된 NEW(신) 일본어능력시험의 개정 포인트를 이해하고 공부한다면, 수험생 여러분은 이미 합격고지의 절반은 오른 셈입니다. 개정된 주요한 포인트인 [과제 수행을 위한 언어커뮤니케이션능력]이란, 우리들이 생활 속에서 부딪히는 여러 과제에 대해 그 해결방법을 찾는 것이라고 해도 과언이 아닙니다. 과거의 암기 이해에 의존하는 그런 시험이 아님을 꼭 알아 두셔야 할 것입니다. 새로운 시험은 기존의 암기 이해는 물론이고, 어떤 일을 판단하고 수행하는데 필요한 일본어 실력을 측정하는 시험입니다.

  NEW(신) 일본어능력시험에서는 언어지식(문자·어휘·문법)을 바탕으로 독해와 청해 과제를 수행하는 능력을 측정하는 시험이므로, **언어지식을 공부한 후에 독해, 청해 순**으로 공부를 해가는 것이 효율적이라 하겠습니다. 물론 청해의 기본인 귀가 열려 있는 단계가 아니라면, 청해 연습을 꾸준히 언어지식 공부와 병행해야 합니다.

  NEW(신) 일본어능력시험에서는 합격을 위한 기준 점수가 제시되지 않았지만, 과거와 달리 **영역별 과락제도**가 도입되므로 전체적인 균형을 유지하는 학습방법이 요구됩니다. 어느 한 영역으로 치우치는 학습방법은 바람직하지 않습니다.

  본서는 개정된 **NEW(신) 일본어능력시험에 맞추어 새롭게 집필**되었고, 새로운 유형을 최대한 이해하기 쉽게, 또한 많은 문제를 다루었습니다. **모의고사도 3회**로 다양한 문제를 수록했습니다. 본서에 수록된 많은 문제들을 풀어보고, 모르거나 자신이 틀린 문제들은 꼭 다시 공부해서 고득점으로 합격하시기를 기원합니다.

  공부하다가 모르는 것이나 궁금한 사항이 있으시면 언제든지 제가 운영하는 다음 카페(http://cafe.daum.net/jlpt)나 http://www.ejujlpt.com 으로 문의 주세요. ^^ 시험에 대한 다양한 정보도 여기서 찾아볼 수 있습니다.

  시험문제 출제와 자료 정리에 온 힘을 써준 이종권일본어학원 Japanese Test R&D Center 연구원들에게 감사를 표합니다. 또한 멋진 교재가 나올 수 있도록 모든 노력을 아끼지 않고 도와주신 사람in 박효상 사장님과 편집부 직원들에게도 많은 감사드립니다.

NEW(신) 일본어능력시험 N1 수험생들의 **고득점 합격**을 기원하면서

저자 이종권

목차

머리말 3

일본어 능력시험의 이해 6

1. 문자·어휘 10

문자·어휘 문제유형 이해하기 12

Chapter1 명사 1~7 / 확인문제 1~7 14

Chapter2 い형용사 / 확인문제 63

Chapter3 な형용사 / 확인문제 69

Chapter4 동사 1~3 / 확인문제 1~3 75

Chapter5 복합동사 / 확인문제 95

Chapter6 부사 / 확인문제 102

Chapter7 가타카나 / 확인문제 108

Chapter8 그 외 / 확인문제 114

2. 문법 121

문법 문제유형 이해하기 122

문장 중간에 오는 기능어 1 / 확인문제 126

문장 중간에 오는 기능어 2 / 확인문제 136

문장 중간에 오는 기능어 3 / 확인문제 146

문장 중간에 오는 기능어 4 / 확인문제 156

문장 중간에 오는 기능어 5 / 확인문제 166

문장 끝에 오는 기능어 / 확인문제 176

◉ New 일능시 모의고사

제 1 회 190

제 2 회 204

제 3 회 218

◉ 정답 232

◉ 해답 용지 3회분 240

'일본어 능력시험'은 단순히 일본어 실력만을 묻는 시험이 아니라, 실제로 사용할 수 있는 일본어 실력을 갖추고 있는가를 중시하는 시험으로, 일본어의 문자 · 어휘 · 문법의 언어지식뿐만 아니라, 그 지식을 토대로 커뮤니케이션을 원활하게 할 수 있는가를 판가름하는 시험이다.

- 실질적인 일본어 사용에 중점을 둔 만큼 '독해'와 '청해'의 비중이 높다.
- 시험은 7월과 12월(연 2회)에 실시된다.

1. 급수별 차이 이해하기

'일본어 능력시험'은 1급에서 5급까지의 5단계로 이루어진다.

다음은 급수별로 일본어 능력시험에 합격했을 때 인정되는 사항으로, 학습자는 다음의 사항을 참고로 시험의 급수를 정해 시험에 응할 수 있다.

급수	급수 취득 시 인정되는 사항
N1	**여러 방면에서 사용되는 일본어를 이해 · 사용할 수 있다.**
N2	일상적인 일본어 사용이 가능하고, 좀 더 넓은 방면에서 사용되는 일본어를 어느 정도 사용할 수 있다.
N3	일상적인 일본어를 어느 정도 사용할 수 있다.
N4	기본적인 일본어를 사용할 수 있다.
N5	기본적인 일본어를 어느 정도 사용할 수 있다.

급수	시험 과목 (시험 시간)		
N1	언어지식(문자 · 어휘 · 문법) · 독해 **110분**		청해 **60분**
N2	언어지식(문자 · 어휘 · 문법) · 독해 105분		청해 50분
N3	언어지식(문자 · 어휘) 30분	언어지식(문법) · 독해 70분	청해 40분
N4	언어지식(문자 · 어휘) 30분	언어지식(문법) · 독해 60분	청해 35분
N5	언어지식(문자 · 어휘) 25분	언어지식(문법) · 독해 50분	청해 30분

급수	배점 구분		만점
N1	언어지식(문자 · 어휘 · 문법)	60	
	독해	60	180
	청해	60	
N2	언어지식(문자 · 어휘 · 문법)	60	
	독해	60	180
	청해	60	
N3	언어지식(문자 · 어휘 · 문법)	60	
	독해	60	180
	청해	60	
N4	언어지식(문자 · 어휘 · 문법) · 독해	120	180
	청해	60	
N5	언어지식(문자 · 어휘 · 문법) · 독해	120	180
	청해	60	

합격은 전체 점수의 총점만으로 결정되는 것이 아니라, 각 과목당 설정된 기준점 이상을 획득했는가에 의해 결정된다. 모든 과목에서 기준점 이상을 획득해야 합격을 할 수 있으므로, 한 과목이라도 기준점에 미달되었을 시에는 불합격 처리된다.

일본어 능력시험 N1 문제 유형 총정리

시험 과목 (시험시간)		문제유형		유형 설명	문항수	문제 풀이 소요 시간
언어 지식 · 독해 (110분)	문자 · 어휘	問題1	한자읽기	문장에서 밑줄 친 부분의 한자의 読み方를 찾는 문제	6	110분 중 15분 내에 문제를 해결한다.
		問題2	문맥규정	문장의 문맥에 맞게 괄호 안에 들어갈 가장 알맞은 어휘를 찾는 문제	7	
		問題3	유의어 표현	문장에서 밑줄 친 어휘와 가장 가까운 표현을 찾는 문제	6	
		問題4	용법	주어진 어휘가 가장 알맞게 사용된 문장을 찾는 문제	6	
	문법	問題5	문법형식 판단	괄호 안에 들어갈 가장 알맞는 문법적 기능어를 찾아 문장을 완성하는 문제	10	110분 중 20분 내에 문제를 해결한다.
		問題6	문장 조합	선택지로 주어진 1~4의 어휘를 나열하여 문장을 완성한 후, ★ 표시가 된 부분에 들어갈 표현을 찾는 문제	5	
		問題7	문장 속 문법	글을 읽고 빈 칸에 들어갈 표현을 찾는 문제	5	
	독해	問題8	내용이해(단문)	단문을 읽고 푸는 문제	4	110분 중 75분 내에 문제를 해결한다.
		問題9	내용이해(중문)	중문을 읽고 푸는 문제	9	
		問題10	내용이해(장문)	장문을 읽고 푸는 문제	4	
		問題11	종합 이해	두 개 이상의 글을 읽고 비교 · 통합 후 푸는 문제	3	
		問題12	주장 이해	장문의 글을 읽고 저자의 주장이나 의견 등을 찾는 문제	4	
		問題13	정보 검색	공고, 팸플릿, 정보지 등의 글을 읽고 정보를 찾는 문제	2	
청해 (60분)		問題1	과제 이해	구체적인 과제 해결에 필요한 정보를 듣고, 다음에 일어날 사항을 묻는 문제	6	청해는 문제 유형별로 주어지는 시간에 차이가 있으므로, 먼저 문제 유형을 확실하게 파악한 후, 문제 유형에 익숙해지는 것이 중요하다.
		問題2	포인트 이해	대화 혹은 한 사람의 이야기를 듣고, 내용의 포인트를 파악하는 문제	7	
		問題3	개요 이해	내용의 전체를 듣고 화자의 의도 및 주장 등을 파악하는 문제	6	
		問題4	즉시 응답	짧은 글 또는 대화문을 듣고 적절한 응답을 찾는 문제	14	
		問題5	종합 이해	긴 내용을 듣고, 두 개 이상의 정보를 비교 · 통합하는 문제	4	

언어지식(문자·어휘·문법)

시험과목	배점	시험 시간
문자 · 어휘	**60점**	**110분**
문법		
독해	60점	

문제유형		유형 설명	문항수
問題1	한자읽기	문장에서 밑줄 친 부분의 한자의 読み方를 찾는 문제	6
問題2	문맥규정	문장의 문맥에 맞게 괄호 안에 들어갈 가장 알맞은 어휘를 찾는 문제	7
問題3	유의어 표현	문장에서 밑줄 친 어휘와 가장 가까운 표현을 찾는 문제	6
問題4	용법	주어진 어휘가 가장 알맞게 사용된 문장을 찾는 문제	6

문자·어휘 문제 유형 이해하기

1. 명사 (7회)

2. い 형용사 (1회)

3. な 형용사 (1회)

4. 동사 (3회)

5. 복합동사 (1회)

6. 부사 (1회)

7. 가타카나 (1회)

8. 그 외 (1회)

문자
·
어휘

문자 · 어휘 문제 유형 이해하기

'문자 · 어휘'는 시험에서 차지하는 실제적인 비중은 낮은데 비해, 공부해야 하는 범위는 명사, 동사, い형용사, な형용사, 동사, 복합동사, 부사 등 매우 광범위하다. 하지만, '문자 · 어휘'는 다른 분야(문법 · 독해 · 청해)를 풀기 위한 가장 기본이 되는 분야인 만큼, 학습에 소홀함이 없어야 한다. '문자 · 어휘'는 4가지 문제 유형에 총 25문제가 출제되는데, 학습한 만큼 그대로 성과가 나오는 분야인 만큼 만점을 목표로 해야 할 것이다.

그럼, '문자 · 어휘'의 4가지 유형을 하나씩 알아보도록 하자.

問題1 한자읽기

> 問題1 ________の言葉の読み方として最もよいものを、1・2・3・4から一つ選びなさい。
>
> 1 これは瞳をケアする薬草として知られています。
> 　1 ひとみ　　　　2 め　　　　　　3 まぶた　　　　4 まゆ

정답은 1번 「ひとみ 눈동자」다.

'한자읽기'는 위와 같이 하나의 문장에서 밑줄 쳐진 한자의 읽는 법(読み方)을 찾는 문제로 6문제가 출제된다. 공부 방법은 다양하게 많은 문장을 접하면서, 한국인들이 틀리기 쉬운 장음과 탁음에 특히 신경을 써서 준비하는 것이다.

> **Tip** 한자의 한국어 발음의 받침에 'ㅇ'이 붙는 경우, 무조건 장음이 되는 것에 신경을 쓴다면 쉽게 문제를 풀 수 있다.
>
> **예** 灯台 등대 → とうだい　　常識 상식 → じょうしき
>
> **예외** 登山 등산 → とざん

問題2 문맥규정

> 問題2（　　　）に入れるのに最もよいものを、1・2・3・4から一つ選びなさい。
>
> 2 彼女は明るい子に育って欲しいという理由で明子と（　　　）られました。
> 　1 色付け　　　　2 取付け　　　　3 根付け　　　　4 名付け

정답은 4번 「名付(なづ)け 이름을 지음」다.

'문맥규정' 문제는 문맥에 맞게 들어갈 어휘를 찾는 문제로 7문제 출제된다. 출제되는 문제의 정답으로는 한자어로 구성된 어휘가 품사별로 골고루 출제가 될 것으로 예상된다. 그리고 일반적인 명사나 동사 앞에 접두어가 붙어서 의미가 바뀌는 어휘들도 출제될 것으로 보인다. 공부 방법은 어휘는 문장으로 외우고, 관용구나 자주 쓰이는 어휘는 따로 정리해 외우는 것이다.

問題3 **유의어 표현**

問題3 ＿＿＿＿の言葉に意味が最も近いものを、１・２・３・４から一つ選び
なさい。

3 この壺は有名な陶芸家が作ったものでとても<u>値打ち</u>があるらしい。

1 価値　　　　　　2 評価　　　　　　3 意味　　　　　　4 意図

정답은 1번 「価値(かち) 가치」다.

'유의어 표현' 문제는 문장에서 밑줄 쳐진 부분과 비슷한 의미의 어휘를 찾는 문제로 6문제가 출제된다.
문제를 풀 때 모르는 어휘가 출제 되었다면, 선택지 1, 2, 3, 4의 내용을 하나하나 대입해서 문장의 의
미가 통하는지를 살펴보자. 공부 방법은 어휘를 사전에서 찾을 때 유의어에 신경을 쓰면서 찾는 것이다.
'유의어 표현' 문제의 가장 확실한 대응법은 너무 당연할 수도 있는 방법이겠지만, 다양한 어휘를 많이
공부해두는 것이다.

問題4 **용법**

問題4 次の言葉の使い方として最もよいものを、１・２・３・４から一つ選び
なさい。

4 ニュアンス

1 言葉の<u>ニュアンス</u>は地方によって様々である。

2 会場の<u>ニュアンス</u>は熱気に包まれていた。

3 この家には日本独特の<u>ニュアンス</u>がある。

4 牧場には丸々と太った牛が<u>ニュアンス</u>の中で飼われていた。

정답은 1번이다.

'용법' 문제는 '문자·어휘'의 마지막 문제 유형으로, 주어진 어휘를 가장 잘 사용한 문장을 찾는 문제이
며, 6문제 출제된다. 품사별로 골고루 출제될 것으로 예상되며, 풀이방법으로는 일단 문법적으로 접속
이 맞는지 틀린지를 확인하는 것이 중요하다. 그리고 의미가 통하는지를 확인한다. 만약 선택지의 문
장 중 주어진 어휘보다 다른 어휘가 더 적절하면 그것은 답이 안 된다. 공부 방법으로 가장 좋은 방법
은 다양한 문장을 많이 접해서 자연스런 일본어를 구사할 수 있도록 하는 것이다. 또한 어휘량이 풍부
한 것 또한 중요하기 때문에 어휘량을 늘리는 것이 중요하다. 그리고 많은 문제를 풀어보는 것이다.

그럼, 이제부터 본격적으로 '문자·어휘' 학습에 들어가도록 하자.

01 間柄 사이, 관계
僕たちは昔から兄弟のように育った間柄です。

02 証 증거, 증명, 증표
(類) 証明 증명 証拠 증거
この傷が戦いが激しかったという証だ。

03 悪化 악화

04 圧力 압력

05 暗示 암시
強い暗示にかけられた。

06 安静 안정
絶対安静してください。

07 異見 이견 (類) 意義 이의 異論 이론
討論中、相手に異見を述べた。

08 異動 (인사에 관한)이동 (類) 転任 전임
営業部から企画部に異動になった。

09 威力 위력
台風の威力は本当にすさまじい。

10 異論 이론 (類) 異義 이의
この教授の説には異論が多い。

11 雨天 우천, 비가 옴

12 うぬぼれ 자부심, 자만심
母にうぬぼれは捨てなさいと言われた。

13 運送 운송 (類) 運搬 운반
飛行機で運送するよりも船で運送する方が安い。

14 云々 운운
これ以上、その件に関して云々言わないでください。

15 運命 운명 (類) 天命 천명 天運 천운
初めて会ったときから運命を感じていた。

16 運用 운용 (類) 活用 활용
お金の運用方法を学ぶことにした。

17 柄 자루, 손잡이 (類) 取っ手 (기구의)손잡이
スコップの柄が外れた。

18 沿線 연선
私の家は阪神沿線にある。

19 遠方 원방, 먼 곳
友達が遠方からわざわざ遊びに来てくれた。

| 20 | 往診 (おうしん) 왕진 |
| | 類 宅診 (たくしん) 택진 (의사가 자택에서 환자를 진찰함) |

祖父(そふ)は月(つき)に一回(いっかい)往診(おうしん)してもらっている。

| 21 | お手上げ (てあ) 손을 듦, 끝장 남, 어쩔 도리가 없음 |

問題(もんだい)があまりにも難(むずか)しすぎてお手上(てあ)げの状態(じょうたい)になってしまった。

| 22 | おまけ 덤, 할인 |

| 23 | 回送 (かいそう) 회송 |

父(ちち)は車(くるま)の回送(かいそう)サービスの仕事(しごと)をしている。

| 24 | 改訂 (かいてい) 개정 |

企画書(きかくしょ)の一部(いちぶ)を改訂(かいてい)するように言(い)われた。

| 25 | 街道 (かいどう) 가도, 간선도로 |

この道(みち)は青山町(あおやまちょう)と青川町(あおかわちょう)を結(むす)ぶ街道(かいどう)だ。

| 26 | 海抜 (かいばつ) 해발 |

この海(うみ)の海抜(かいばつ)は1,000mだ。

| 27 | 斡旋 (あっせん) 알선, 주선 |

| 28 | 生き甲斐 (い がい) 사는 보람 |

| 29 | 遺跡 (いせき) 유적 |

| 30 | 隠居 (いんきょ) 은거 |

| 31 | 衛星 (えいせい) 위성 |

| 32 | 閲覧 (えつらん) 열람 |

| 33 | 獲物 (えもの) 사냥감, 전리품 |

| 34 | 沿岸 (えんがん) 연안 |

| 35 | 応募 (おうぼ) 응모 |

| 36 | 雄 (おす) 수컷 |

| 37 | 趣き (おもむ) 멋, 정취, 취지, 요지 |

| 38 | 織物 (おりもの) 직물 |

| 39 | 海運 (かいうん) 해운 |

| 40 | 貝殻 (かいがら) 조개껍질 |

| 41 | 海峡 (かいきょう) 해협 |

| 42 | 介護 (かい ご) 간호 |

| 43 | 概説 (がいせつ) 개설 |

| 44 | 街頭 (がいとう) 가두, 길거리 |

| 45 | 該当 (がいとう) 해당 |

| 46 | 概要 (がいよう) 개요 |
| | 類 概略 (がいりゃく) 개략　大筋 (おおすじ) 대강의 줄거리, 대략 |

これから授業(じゅぎょう)の概要(がいよう)について説明(せつめい)します。

| 47 | 概略 (がいりゃく) 개략 |

| 48 | 獲得 ^{かくとく} 획득 |
| 49 | 箇条書き ^{かじょうが} 조목별로 씀, 또는 조목별로 쓴 것 |

48 **獲得** 획득

49 **箇条書き** 조목별로 씀, 또는 조목별로 쓴 것

50 **化繊** 화학섬유

51 **合併** 합병

52 **玩具** 완구

53 **歓声** 환성

54 **家計** 가계

55 **葛藤** 갈등, 복잡하게 뒤엉킴

56 **家電** 가전

57 **加盟** 가맹

58 **感受性** 감수성

59 **機種** 기종

60 **救急** 구급

61 **均等** 균등

62 **緊迫** 긴박

63 **屈辱** 굴욕

64 **啓蒙** 계몽

65 **考案** 고안

66 **構築** 구축

67 **高齢** 고령

68 **口論** 언쟁, 말다툼 類 **口喧嘩** 말싸움

昔は姉と顔を合わせる度に必ず口論していた。

69 **顧客** 고객

70 **根性** 타고난 성질, 근성 類 **気力** 기력

彼は根性で厳しい訓練を耐え抜いた。

71 **年配** 연배

72 **納税** 납세

73 **見込み** 예상, 전망, 예정, 장래성, 희망

問題1 ＿＿＿＿の言葉の読み方として最もよいものを、1・2・3・4から一つ選びなさい。

1 無理をして遊びに行ったので、風邪が悪化してしまった。

1 あくか　　　　2 おうと　　　　3 おかん　　　　4 あっか

2 図書の閲覧時間は間もなく終了いたします。

1 えつらん　　　2 かしだし　　　3 けんさく　　　4 かいらん

3 明日の遠足は雨天の場合、中止になります。

1 ぎょうてん　　2 しょうてん　　3 うてん　　　　4 こうてん

4 専門の先生だけあって発言に威力がある。

1 はくりょく　　2 いりょく　　　3 こうりょく　　4 せいりょく

5 新しい家は沿線にあるから便利でいいね。

1 かいせん　　　2 でんせん　　　3 えんせん　　　4 きんせん

6 彼が自分を太っていると思っているのは、一種の暗示のようなものだ。

1 こくじ　　　　2 きおく　　　　3 さっち　　　　4 あんじ

7 この答えを出すまでには、自分の中で沢山の葛藤があった。

1 かっとう　　　2 けんとう　　　3 さっとう　　　4 かんどう

8 会議資料には研究の概略を入れて作成して下さい。

1 がいりゃく　　2 けっか　　　　3 じょうきょう　4 けいか

 （　　　　）に入れるのに最もよいものを、1・2・3・4から一つ選び
なさい。

1 この民族が暮らす村は（　　　　）3,000メートルの場所にある。

　　1 海峡　　　　　　　2 海港　　　　　　　3 海岸　　　　　　　4 海抜

2 お医者さんはお祖母ちゃんの（　　　　）で週に1回来る。

　　1 入院　　　　　　　2 闘病　　　　　　　3 往診　　　　　　　4 看病

3 皆同じ見解だったが、彼女だけ（　　　　）だった。

　　1 説得　　　　　　　2 異見　　　　　　　3 回答　　　　　　　4 会見

4 舞台終了と共に観客から（　　　　）がわき、何より嬉しかった。

　　1 歌声　　　　　　　2 奇声　　　　　　　3 歓声　　　　　　　4 混声

5 新しいゲーム機が当る懸賞を見つけたが（　　　　）締め切りが昨日まで
　だった。

　　1 応募　　　　　　　2 提出　　　　　　　3 提案　　　　　　　4 応援

6 気を使わなくていいよ、小学生からの僕と君の（　　　　）じゃないか。

　　1 仲人　　　　　　　2 間接　　　　　　　3 親戚　　　　　　　4 間柄

7 深夜、突然お腹が痛くなり（　　　　）病院に運ばれた。

　　1 快速　　　　　　　2 救急　　　　　　　3 早急　　　　　　　4 速達

8 風邪薬の使用上の注意を新しく（　　　　）することが決まりました。

　　1 改築　　　　　　　2 改造　　　　　　　3 改革　　　　　　　4 改訂

問題3 ＿＿＿＿＿の言葉に意味が最も近いものを、1・2・3・4から一つ選びなさい。

1 この指輪が僕が君を愛しているという<u>証</u>だ。

　1 印　　　　　　　2 形　　　　　　　3 影　　　　　　　4 像

2 彼女を説得しましたが無理でした。私の力では<u>これ以上どうしようもない</u>です。

　1 首が回らない　　　　　　　　　　2 頭が痛い

　3 お手上げ　　　　　　　　　　　　4 腰が重い

3 今日は、<u>遠く</u>から来て頂き、誠にありがとうございました。

　1 遠慮　　　　　　2 永遠　　　　　　3 距離　　　　　　4 遠方

4 強い<u>力が加えられた</u>ようで、その部分がかなり凹んでいる。

　1 怪力だった　　　2 圧力だった　　　3 強力だった　　　4 威力だった

5 僕は彼女との<u>口喧嘩</u>に勝ったことがない。

　1 雑談　　　　　　2 言論　　　　　　3 怪談　　　　　　4 口論

6 話を聞いたのが途中からだったので、簡単に<u>大筋</u>だけ聞かせて頂けますか。

　1 概要　　　　　　2 翻訳　　　　　　3 詳細　　　　　　4 内容

7 うちの家は祖父の代から<u>玩具店</u>を営んでいる。

　1 ふとん屋　　　　2 家具屋　　　　　3 おもちゃ屋　　　4 工具屋

8 提出した企画書の評判が良く、営業から企画に<u>異動</u>することになった。

　1 転任　　　　　　2 転職　　　　　　3 皆勤　　　　　　4 勤労

 次の言葉の使い方として最もよいものを、1・2・3・4から一つ選び
なさい。

1 うぬぼれ

1 今日は特別に1個うぬぼれしとくね。

2 このうぬぼれは今年の夏、海で拾いました。

3 一度の成功でうぬぼれていたら、直ぐに失敗するわよ。

4 何だか空がうぬぼれてきたな。

2 意気込む

1 最後の試合だから意気込むのも無理はないだろう。

2 明日になれば傷の痛みも意気込むはずだ。

3 父はとても頑固なので、家族みんなが意気込む状態だ。

4 これ以上被害が意気込むことのないよう注意して下さい。

3 介護

1 この服には化繊が介護に使われている。

2 教室はいつものように和やかな介護だ。

3 年齢と共に介護が衰えてきた。

4 今年の春、介護の資格を取った。

01 海流 해류
海流とは海水の流れのことを言う。

02 隔週 격주
この会社は土曜日は隔週で休みです。

03 革新 혁신
営業革新として全商品の価格を値下げしたいと思います。

04 傍ら 곁, 옆, ~하는 한편, ~하는 동시에
類 側 옆, 곁　合間 틈, 사이
道の傍らにたたずんでいる人がいた。

05 家畜 가축
牧場にはたくさんの家畜がいる。

06 金槌 쇠망치

07 花粉 화분, 꽃가루

08 貨幣 화폐

09 眼科 안과
目が急に痛くなったので、眼科に行った。

10 岩石 암석
火山の噴火によってできるものが岩石です。

11 元年 원년
姉は平成元年に結婚した。

12 勘弁 용서　類 堪忍 인내, 화를 참고 용서함
今回だけは勘弁してあげるわ。

13 気兼ね 사양, 어렵게 여김
類 遠慮 조심함, 사양함
ここは誰も使っていない部屋なので、気兼ねなく使ってください。

14 帰京 귀경
今年は仕事が忙しくて帰京できそうにない。

15 基金 기금
私は国民年金基金についてよく知りません。

16 気象 기상

17 汽船 기선
祖父は昔、汽船屋を営んでいた。

18 几帳面 성격이 규칙적이고 꼼꼼함
私はどちらかというと几帳面な性格だと思う。

19 起伏 기복　類 凸凹 요철, 울퉁불퉁, 들쭉날쭉
父は酒を飲むと感情の起伏が激しくなる。

20 共鳴 공명, 동감함, 공감함
彼女の素晴らしい考えに思わず共鳴してしまった。

21 **郷里** 향리, 고향
私の郷里はとても田舎です。

22 **屈折** 굴절, 비뚤어짐
屈折した考えしかできない彼に呆れた。

23 **経過** 경과, 시간이 지남
類 **成り行き** 경과, 추세
忙しいと時間の経過をとても速く感じる。

24 **軽快** 경쾌
隣の部屋からとても軽快な音楽が流れてきた。

25 **形態** 형태
勤務形態は職種によってかなり違ってくる。

26 **携帯** 휴대

27 **幹線** 간선

28 **勧誘** 권유

29 **貫禄** 관록

30 **議案** 의안

31 **規格** 규격

32 **戯曲** 희곡

33 **棄権** 기권

34 **兆し** 조짐, 징조　類 **兆候** 징후, 조짐
就職率が少し上がったぐらいでは景気回復の兆しが見えたとは言えないだろう。

35 **偽造** 위조

36 **軌道** 궤도

37 **窮乏** 궁핍

38 **丘陵** 구릉

39 **驚異** 경이

40 **境遇** 경우, 처지, 환경
類 **身の上** 처지, 신상, 신세
父は苦しい境遇の中で育ったと言っていた。

41 **凶作** 흉작

42 **享受** 향수, 복을 누림, 음미하고 즐김

43 **郷愁** 향수(고향을 그리워함)

44 **郷土** 향토

45 **義理** 의리, 바른 도리, 체면, 혈족과 같은 관계가 있음

46 **疑惑** 의혹

47 均衡（きんこう）균형　類 バランス 밸런스, 균형
心（こころ）の均衡（きんこう）を保（たも）つことは簡単（かんたん）なことではない。

48 吟味（ぎんみ）음미, 상세하게 조사하여 고름

49 愚痴（ぐち）어리석음, 푸념

50 軍艦（ぐんかん）군함

51 掲載（けいさい）게재

52 経路（けいろ）경로　類 道筋（みちすじ）지나가는 길　過程（かてい）과정
この菌（きん）の感染経路（かんせんけいろ）を調査（ちょうさ）しています。

53 激励（げきれい）격려

54 落（お）とし穴（あな）함정, 계략
この話（はなし）には絶対（ぜったい）に落（お）とし穴（あな）があるよ。

55 裏（うら）づけ 뒷받침, 확실한 증거

56 匿名（とくめい）익명

57 配属（はいぞく）배속

58 媒体（ばいたい）매체

59 反論（はんろん）반론

60 放映（ほうえい）방영

61 保持（ほじ）보유, 유지

62 密着（みっちゃく）밀착

63 無頓着（むとんちゃく）무관심함, 개의치 않음

64 目先（めさき）눈앞, 목전, 당장
類 当座（とうざ）당장, 그 자리
目先（めさき）の利益（りえき）のことばかり考（かんが）えないでください。

65 免疫（めんえき）면역

66 模様替（もようが）え 실내 가구의 배치·장식 등을 바꿈, (계획·순서 등을)변경함

67 力量（りきりょう）역량

68 履修（りしゅう）이수

69 立候補（りっこうほ）입후보

70 隣接（りんせつ）인접

71 累積（るいせき）누적

72 連携（れんけい）연휴, 제휴

73 連鎖（れんさ）연쇄

74 連発（れんぱつ）연발

75 路線（ろせん）노선

問題1 ＿＿＿＿＿の言葉の読み方として最もよいものを、１・２・３・４から一つ選びなさい。

1 息子さん、最近<u>貫禄</u>が出てきましたね。
1 あいしゅう　　　2 きひん　　　　3 ふうかく　　　4 かんろく

2 あの大怪我から彼は<u>驚異</u>の回復力をみせ、１ヶ月で退院した。
1 きょうい　　　　2 こうい　　　　3 もうい　　　　4 すごい

3 仕事で疲れているんだろうか、最近夫は<u>愚痴</u>が多い。
1 ためいき　　　　2 ぐち　　　　　3 けんか　　　　4 むし

4 皆さんの意見を紙に書いて下さい。<u>匿名</u>でもかまいません。
1 しめい　　　　　2 しょめい　　　3 とくめい　　　4 じつめい

5 柱から釘が出ていて危ないな、悪いが<u>金槌</u>を持ってきてくれないか。
1 かなぼう　　　　2 きんづち　　　3 きんぼう　　　4 かなづち

6 飛行機も良いけど、私は一度でいいから<u>汽船</u>に乗って旅をしてみたいわ。
1 きせん　　　　　2 こうせん　　　3 きゃくせん　　4 ぎょせん

7 心理学の授業は<u>隔週</u>だから今週は休みだよ。
1 かくしゅ　　　　2 がくしゅう　　3 がんしゅう　　4 かくしゅう

8 この新しいパソコンは<u>形態</u>が気に入ったので買った。
1 けいじょう　　　2 けいたい　　　3 けいしき　　　4 けいかい

問題2 （　　　）に入れるのに最もよいものを、1・2・3・4から一つ選びなさい。

1 私の家では牛や豚などの（　　　）を飼っている。

1 飼育　　　　2 動機　　　　3 家畜　　　　4 肉類

2 毎年冬になると北の海から（　　　）に乗って氷が流れてくる。

1 海流　　　　2 海峡　　　　3 海抜　　　　4 海上

3 目が赤く腫れてきたので（　　　）に行った。

1 眼科　　　　2 眼鏡　　　　3 監視　　　　4 検視

4 この建物の（　　　）では車300台は入らないと思うよ。

1 定規　　　　2 規範　　　　3 規格　　　　4 規準

5 この方は私の夫の母なので、私には（　　　）の母になります。

1 叔母　　　　2 義兄　　　　3 伯母　　　　4 義理

6 奴が犯人であることは間違いないが、確かな証拠となる（　　　）がない。

1 検索　　　　2 詮索　　　　3 裏づけ　　　　4 言い訳

7 食欲が出てきたと言うのは回復の（　　　）です。

1 術後　　　　2 兆し　　　　3 治療　　　　4 修復

8 自分の家だと思って（　　　）しないで下さいね。

1 気兼ね　　　　2 気軽に　　　　3 気楽に　　　　4 気安く

1 いつも僕の<u>傍ら</u>には君にいて欲しい。

　1 横　　　　　　2 前　　　　　　3 側　　　　　　4 中

2 私は世界中の<u>貨幣</u>を集めるのが趣味だ。

　1 国旗　　　　　2 ハガキ　　　　3 切手　　　　　4 お金

3 山道は道の<u>凸凹</u>が激しいので運転しづらい。

　1 起伏　　　　　2 甲状　　　　　3 降伏　　　　　4 棒状

4 彼も反省していますので、そろそろ<u>許して</u>あげて下さい。

　1 謝罪して　　　2 勘弁して　　　3 冤罪して　　　4 弁解して

5 その件は会議で一度しっかりと<u>検討</u>した上で、返答させて頂きます。

　1 研究　　　　　2 観察　　　　　3 異論　　　　　4 吟味

6 次の試験で自分の<u>能力</u>がどれほど上がったか分かるだろう。

　1 才能　　　　　2 力量　　　　　3 秀才　　　　　4 自力

7 野球部の存続は、新入生の<u>勧誘</u>活動にかかっている。

　1 誘惑　　　　　2 招く　　　　　3 誘う　　　　　4 招待

8 問題解決の為には、基本から<u>革新</u>していかなくてはならない。

　1 鞄　　　　　　2 革職　　　　　3 革除　　　　　4 改革

問題4　次の言葉の使い方として最もよいものを、1・2・3・4から一つ選び
なさい。

1　郷里

　1　状況はますます<u>郷里</u>してきた。

　2　長期休暇は<u>郷里</u>に帰る予定です。

　3　この表を見ると僕はどれにも<u>郷里</u>しない。

　4　祖父は今年92歳だが、未だに歩き方が<u>郷里</u>だ。

2　境遇

　1　この問題が出るとは全くの<u>境遇</u>だった。

　2　君は考えが<u>境遇</u>しているね。

　3　こんな所で会うなんて<u>境遇</u>だね。

　4　彼と私は育った<u>境遇</u>が似ている。

3　無頓着

　1　彼女は仕事は几帳面だが、他の事は<u>無頓着</u>だ。

　2　今年は米が<u>無頓着</u>で困っている。

　3　来月から海外に<u>無頓着</u>することになった。

　4　来月<u>無頓着</u>される映画に私の好きな役者が出ている。

01 経歴 경력 類 履歴 이력
社長が経歴をごまかしていた。

02 家来 부하 類 家臣 신하
昔、家来は将軍の言うことに必ず
従わなければならなかった。

03 懸賞 현상

04 見地 견지 類 観点 관점
医学的な見地に立って考えてみた。

05 公演 공연

06 後悔 후회

07 合議 합의
この法案は役員の合議で決まりま
した。

08 興業 흥업(새로이 사업을 일으킴)

09 口述 구술
目撃者の口述から犯人を突き止めた。

10 控除 공제
70歳以上の人は来月から電車賃が
控除されます。

11 光沢 광택 類 つや 윤, 광택
宝石は磨くと光沢があらわれる。

12 購入 구입

13 国定 국정
ここは国定公園に指定されている。

14 国防 국방
私の父は国防省に勤めている。

15 心得 마음가짐, 소양, 이해
類 心構え 마음의 준비, 각오
サービスの心得を先輩から教わっ
た。

16 心掛け 마음가짐, 마음의 준비
君はふだんの心掛けがよくないん
だよ。

17 国交 국교

18 言伝 전문, 전해 들음, 전언, 전갈
類 伝言 전언
明日の会議の時間が変更になった
と言伝をお願いします。

19 碁盤 바둑판

20 竿 장대

21 杯 술잔

22 山岳 산악
大学時代は山岳部のリーダーだっ
た。

23 産出 산출
この国では石油は産出されない。

24 山頂（さんちょう） 산정, 산의 정상
山頂（さんちょう）まで登（のぼ）ったときの気分（きぶん）は最高（さいこう）だった。

25 山腹（さんぷく） 산 중턱, 산허리
山腹（さんぷく）で休憩（きゅうけい）してからまた登（のぼ）ることにした。

26 仕掛（しか）け 일을 하기 시작하여 끝나지 않은 상태, (궁리된)장치, 조작, 속임수

（類）からくり 계략　たくらみ 계획, 음모
まんまと彼女（かのじょ）の仕掛（しか）けにはまってしまった。

27 獣（けだもの） / 獣（けもの） 짐승

28 兼業（けんぎょう） 겸업

29 元素（げんそ） 원소

30 兼用（けんよう） 겸용

31 好況（こうきょう） 호황

32 考古学（こうこがく） 고고학

33 抗争（こうそう） 항쟁

34 拘束（こうそく） 구속

35 光熱費（こうねつひ） 광열비

36 錯誤（さくご） 착오
（類）間違（まちが）い 실수, 잘못　誤（あやま）り 실수, 착오
試行（しこう）錯誤（さくご）の末（すえ）、新製品（しんせいひん）が完成（かんせい）した。

37 桟橋（さんばし） 잔교, 선창, 부두

38 磁器（じき） 자기, 사기그릇

39 嗜好（しこう） 기호　（類）好（この）み 기호, 취향
長（なが）い間（あいだ）外国（がいこく）にいたせいで、食（た）べ物（もの）の嗜好（しこう）が変わった。

40 施行（しこう） 시행　（類）実施（じっし） 실시
新法案（しんほうあん）は来月（らいげつ）から施行（しこう）されます。

41 下取（したど）り 신품을 거래할 때 대금의 일부를 중고품으로 값을 쳐서 거래하는 일

42 謝絶（しゃぜつ） 사절

43 社宅（しゃたく） 사택

44 衆議院（しゅうぎいん） 중의원

45 襲撃（しゅうげき） 습격

46 趣旨（しゅし） 취지　（類）趣意（しゅい） 취의, 취지
この話（はなし）の趣旨（しゅし）はなんだと思（おも）いますか。

47 首脳（しゅのう） 수뇌

48 樹立（じゅりつ） 수립

49 衝撃（しょうげき） 충격　（類）ショック 쇼크, 충격
このニュースは世界中（せかいじゅう）に衝撃（しょうげき）を与（あた）えた。

50 消息 (しょうそく) 소식
類 便り (たよ) 알림, 소식 音信 (おんしん) 소식
彼の消息は依然不明です。 (かれ・しょうそく・いぜん・ふめい)

51 譲歩 (じょうほ) 양보

52 奨励 (しょうれい) 장려

53 殺菌 (さっきん) 살균

54 殺到 (さっとう) 쇄도

55 私語 (しご) 사어, 사담

56 視線 (しせん) 시선

57 消失 (しょうしつ) 소실

58 商談 (しょうだん) 상담

59 消滅 (しょうめつ) 소멸

60 仕業 (しわざ) 소행, 짓

61 受動 (じゅどう) 수동

62 衰退 (すいたい) 쇠퇴
類 凋落 (ちょうらく) 조락, 쇠락함
少子化が進み、子ども産業が衰退し (しょうしか・すす・こ・さんぎょう・すいたい)
つつある。

63 生態 (せいたい) 생태

64 選出 (せんしゅつ) 선출

65 先入観 (せんにゅうかん) 선입관

66 洗練 (せんれん) 세련

67 頻発 (ひんぱつ) 빈발, 자주 일어남

68 貧乏性 (びんぼうしょう) 궁상맞은 기질, 쩨쩨한 기질

69 不意打ち (ふいう) 기습(공격)

70 付帯 (ふたい) 부대 類 付随 (ふずい) 부수
付帯事項を修正します。 (ふたい・じこう・しゅうせい)

71 分割 (ぶんかつ) 분할

72 本性 (ほんしょう) 본성 類 本心 (ほんしん) 본심 本性 (ほんせい) 본성
彼女が遂に本性を現した。 (かのじょ・つい・ほんしょう・あらわ)

01 磁気 자기

02 しきたり 관례, 관습
（類）習慣 습관, 풍습
私の家は昔からのしきたりを守っている。

03 死刑 사형

04 試行 시행
新計画を試行します。

05 志向 지향
彼は上昇志向の持ち主です。

06 自主 자주
これは私たちが自主制作した本です。

07 下火 불기운이 약해짐, 기세가 약해짐

08 視野 시야, 시력이 미치는 범위
視野を広げるために留学することにした。

09 衆 많은 사람, 인원수가 많음

10 従事 종사
私は新たなプロジェクトに従事している。

11 修飾 수식
今日は修飾語の勉強をします。

12 執着 / 執着 집착
これ以上過去に執着するのはやめなさい。

13 従来 종래, 종전
（類）これまで 지금까지, 이제까지
新製品のカメラは、画素数が従来の製品の10倍だ。

14 出題 출제
出題するので分かった人は手を挙げてください。

15 出動 출동
火事の通報を受けて消防車が出動した。

16 証拠 증거 （類）証 증거 印 표시, 증거
この写真が何よりの証拠だ。

17 書評 서평

18 庶民 서민

19 庶務 서무
私は庶務課で働いています。

20 陣 진, 군대의 배치

21 新興 신흥
様々な分野で新興勢力が出現してきている。

| 22 | 進呈 진정, 증정 輸 贈呈 증정 |
作文の金賞としてパソコンが進呈
された。

| 23 | 振動 진동 |
携帯の振動で起きた。

| 24 | 粋 정수, 순수함 |

| 25 | 吹奏 취주, 연주 |
私の姉は吹奏楽部の部長です。

| 26 | 水田 논 輸 たんぼ 논 |
私の家の回りには水田がたくさん
ある。

| 27 | 振興 진흥 |

| 28 | 親善 친선 |

| 29 | 迅速 신속 |
問題解決のためには迅速な処置が必
要です。

| 30 | 侵略 침략 |

| 31 | 診療 진료 |

| 32 | 水源 수원 輸 源 수원, 근원 |
この水は川上水源から引いた水で
す。

| 33 | 崇拝 숭배 |

| 34 | 擦れ違い 스치듯 지나감, 엇갈림 |

| 35 | 盛装 성장, 옷을 화려하게 차려입음 |

| 36 | 征服 정복 |

| 37 | 禅 선, 좌선, 참선 |

| 38 | 繊維 섬유 |

| 39 | 操縦 조종 |

| 40 | 騒動 소동 |
輸 もめごと 다툼, 분규　争い 다툼, 분쟁
あの家の騒動はいつになったら終
わるんだろう。

| 41 | 遭難 조난 |

| 42 | 訴訟 소송 |

| 43 | 措置 조치, 조처 |

| 44 | 待遇 대우, 손님 등에 대한 대접 |
輸 処遇 처우, 대우　あしらい 대접, 대우
この旅館はとても待遇がいいので
人気がある。

| 45 | 退治 퇴치 |

| 46 | 態勢 태세 |

| 47 | 滞納 체납 |

| 48 | 怠慢 태만 |

| 49 | 駄作 졸작, 하찮은 작품 |

50 建前 （표면상의）방침, 원칙, 겉치레 말
彼女は上手く本音と建前を使い分けている。

51 秩序 질서

52 窒息 질식

53 着工 착공

54 愛着 애착

55 一環 일환, 전체에 관계되는 것의 한 부분

56 遺伝子 유전자

57 違和感 위화감

58 陰謀 음모
会社が潰れたのはライバル会社の陰謀に違いない。

59 乳母車 유모차

60 外食 외식

61 業界 업계

62 識別 식별

63 失笑 실소

64 心境 심경 類 心持ち 기분, 심정
離婚したと言われていた芸能人がテレビで複雑な心境を語った。

65 人権 인권

66 伸縮 신축(늘고 줆)
類 伸び縮み 늘어남과 줆, 신축
この生地は伸縮自在だ。

67 熱気 열기

68 熱弁 열변

69 引き換え 바꿈, 교환

70 融合 융합

71 夜遊び 밤에 놀러 다님, 밤놀이

72 容量 용량 類 容積 용적
ディスクの容量が不足しています。

73 欲求 욕구

74 余白 여백

問題1 ______ の言葉の読み方として最もよいものを、1・2・3・4から一つ選びなさい。

1 知り合いが出版する本の<u>書評</u>を書くことになった。
　1 しょひょう　　　2 しょせき　　　3 しょもつ　　　4 しょはん

2 彼は一つの事に<u>執着</u>しすぎて、周りが見えていない。
　1 こちゃく　　　2 しゅうちゅう　　　3 しゅうちゃく　　　4 とらわれ

3 祖母の住む町は<u>水田</u>がたくさんあって、時間がゆっくり流れている。
　1 みずた　　　2 すいでん　　　3 すいた　　　4 みずでん

4 僕の家は電車が通る度にその<u>振動</u>で激しく揺れる。
　1 どうどう　　　2 はんどう　　　3 そうどう　　　4 しんどう

5 ガス代を2ヶ月<u>滞納</u>したせいでガスが<u>止</u>められた。
　1 たいのう　　　2 えんたい　　　3 おこたった　　　4 みばらい

6 飛行機の<u>操縦</u>は出来るのに、何で車の運転が出来ないの？
　1 そうさ　　　2 そうさく　　　3 そうじゅう　　　4 かいじゅう

7 昨日から腰のあたりに<u>違和感</u>を感じる。
　1 ふかいかん　　　2 けんおかん　　　3 おかん　　　4 いわかん

8 国の主役は<u>庶民</u>であることを忘れてはいけない。
　1 しみん　　　2 しょみん　　　3 へいみん　　　4 こうみん

問題2 （　　　）に入れるのに最もよいものを、1・2・3・4から一つ選び
なさい。

1 私を捕まえたければ確かな（　　　）を持ってきて下さい。

1 犯行　　　　　　　2 証拠　　　　　　　3 犯罪　　　　　　　4 認証

2 嘘ではないが、彼女の前なので話を（　　　）して話した。

1 修飾　　　　　　　2 修習　　　　　　　3 講習　　　　　　　4 演習

3 消防士の夫が火事の現場に（　　　）する度に私は心配でたまらない。

1 出勤　　　　　　　2 出社　　　　　　　3 出血　　　　　　　4 出動

4 この監督の一番初めの作品は、学生の時に作った（　　　）制作だった。

1 自分　　　　　　　2 自力　　　　　　　3 自主　　　　　　　4 自体

5 せっかくの休みだし、お昼は（　　　）にしようか。

1 外来　　　　　　　2 外見　　　　　　　3 外周　　　　　　　4 外食

6 私は登山の時は（　　　）した時の為に、必ずチョコレートを持って行く。

1 遭難　　　　　　　2 遭遇　　　　　　　3 偶然　　　　　　　4 難題

7 問題が（　　　）されたが、どれも難しすぎて分からなかった。

1 質問　　　　　　　2 出題　　　　　　　3 提出　　　　　　　4 質疑

8 人が多すぎてこの狭い部屋では（　　　）しそうだ。

1 渋滞　　　　　　　2 満員　　　　　　　3 窒息　　　　　　　4 破滅

 ＿＿＿＿＿の言葉に意味が最も近いものを、１・２・３・４から一つ選びなさい。

1 新しい冷蔵庫は、これまでの冷蔵庫に比べ冷凍機能の性能が向上している。

1 未来　　　　　　2 家来　　　　　　3 従来　　　　　　4 古来

2 一時はどうなるかと心配したが、ようやく騒ぎが下火になってきた。

1 落ち着いて　　　2 終わって　　　　3 燃やして　　　　4 改善して

3 今まで営業課長に従事してきたが、春から部長に昇進することになった。

1 を担任　　　　　2 に負担　　　　　3 を分担　　　　　4 を担当

4 霧が晴れて、視界が良くなった。

1 目線　　　　　　2 見通し　　　　　3 見返り　　　　　4 見解

5 誕生日に漢字辞書をプレゼントされたが、少しも嬉しくなかった。

1 寄贈　　　　　　2 先進　　　　　　3 進呈　　　　　　4 寄付

6 緊急事態の時は、すみやかに行動することが大切だ。

1 迅速　　　　　　2 正確　　　　　　3 安全　　　　　　4 冷静

7 ポイントが10点たまったら、ポイント分の商品と引き換えしてくれるんだって。

1 交代　　　　　　2 両替　　　　　　3 換金　　　　　　4 交換

8 隣のビルの工事が着工されてから騒音に悩まされている。

1 終始　　　　　　2 着手　　　　　　3 到達　　　　　　4 試行

問題4　次の言葉の使い方として最もよいものを、1・2・3・4から一つ選び
なさい。

1　しきたり

1　皆はしきたりだったと言うが、私はとても良い作品だと思う。

2　可愛い赤ちゃんがしきたりに乗っている。

3　会場は選手たちのしきたりでとても暑かった。

4　この家はしきたりが多すぎて安らげない。

2　秩序

1　この山の向こうに秩序があります。

2　学校の秩序を守ることが私の使命である。

3　出来ることをやらないなんて秩序じゃないですか。

4　次の秩序時間は午後3時からになります。

3　心境

1　娘を嫁に出す父親の心境が少し分かった気がする。

2　毎朝母さんは心境の前で化粧をしている。

3　冒険好きだった祖母は世界中の心境を渡り歩いた。

4　彼は私の話をとても心境になって聞いてくれた。

01 整列 정렬
一列に整列してください。

02 是正 시정
わが社の現状を是正するための対策を考えなければならない。

03 切開 절개

04 宣言 선언
彼は今年中に結婚すると家族の前で宣言した。

05 先行 선행
ライブチケットの先行発売が始まった。

06 先代 선대

07 善良 선량
彼は本当に善良な人です。

08 創刊 창간

09 送金 송금
郵便局からお金を送金した。

10 走行 주행

11 そっぽ 다른 쪽, 딴 데
息子を叱ったら、いじけてそっぽを向いてしまった。

12 退化 퇴화
人間にも昔は尻尾があったのだが、使わなかったので退化した。

13 対処 대처
これから乾燥肌の対処法について説明します。

14 焚火 모닥불

15 短波 단파

16 蛋白質 단백질
蛋白質は三大栄養素の一つです。

17 茶の間 거실, 다실
週末は家族みんな茶の間でくつろいでいる。

18 着手 착수
来週から工事に着手します。

19 着目 착목, 착안, 주목 類 **着眼** 착안
これが研究結果なんですが、この部分に着目してください。

20 中枢 중추

21 聴診器 청진기
医者は胸の音を聞くとき聴診器で聞く。

22 陳列 진열
新刊を棚に陳列した。

23 償い 보상, 속죄, 죄 갚음
一生懸命働くことが彼女への償いになると思う。

24 つじつま 조리, 이치
二人の話は全くつじつまが合わない。

25 吊革 (전철 · 버스 등의)손잡이

26 釣り鐘 범종

27 体裁 체면, 체재, 겉모양
類 外見 외견, 겉보기　見え 외관, 외양
父はいつも体裁ばかりを気にしている。

28 抽選 추첨, 제비뽑기
類 くじ引き 제비뽑기, 추첨
抽選に当たった。

29 聴覚 청각

30 墜落 추락

31 杖 지팡이

32 蕾 꽃봉오리

33 提携 제휴　類 タイアップ 협력, 제휴
他社と提携して新商品を作ることにした。

34 邸宅 저택

35 堤防 제방

36 手元 주변, 곁, 바로 옆
類 手近 가까운 곳
夫は娘を一生手元に置いておきたいと言っている。

37 展望 전망
類 見張らし 전망, 조망　見通し 전망
この山からの展望は最高だ。

38 統率 통솔

39 独裁 독재

40 独創 독창

41 戸締まり 문단속

42 戸惑い 당황함, 망설임

43 度忘れ 깜빡 잊고 생각해 내지 못함

44 値打ち 가치, 값어치

45 年賀 연하, 신년 축하

46 燃焼 연소

47 燃料 연료

48 納入 납입

49 張り紙 (は がみ) 벽보	**63** 自給 (じ きゅう) 자급
50 拝啓 (はいけい) (편지 머리에 쓰는 말로, '삼가 아뢰다'는 뜻)배계, 근계	**64** 自治 (じ ち) 자치
51 賠償 (ばいしょう) 배상	**65** 疾病 (しっぺい) 질병
52 配列 (はいれつ) 배열	**66** 遮断 (しゃだん) 차단
53 迫害 (はくがい) 박해	カーテンで太陽 (たいよう) の光 (ひかり) を遮断 (しゃだん) した。
54 発掘 (はっくつ) 발굴	**67** 出資 (しゅっ し) 출자

55 足取り (あし ど) 발걸음, 발자취	**68** 職種 (しょくしゅ) 직종
類 歩調 (ほ ちょう) 보조, 보행의 속도	**69** 推移 (すい い) 추이
犯人 (はんにん) の足取り (あし ど) が未 (いま) だに掴 (つか) めない。	**70** 接戦 (せっせん) 접전
56 一気 (いっ き) 단숨 類 一息 (ひといき) 단숨, 한숨 돌림	**71** 創設 (そうせつ) 창설
ビールを飲 (の) むときはいつも一気 (いっ き) に飲 (の) む。	**72** 即答 (そくとう) 즉답
57 最適 (さいてき) 최적, 가장 알맞음	**73** 題材 (だいざい) 제재, 주제 · 내용이 될 소재
58 債務 (さい む) 책무	**74** 追求 (ついきゅう) 추구
59 挫折 (ざ せつ) 좌절	**75** 定型 (ていけい) 정형
60 察知 (さっ ち) 살펴서 앎, 헤아려 앎	**76** 低迷 (ていめい) 낮게 감돎, 나쁜 상태에서 헤어 나오지 못하고 헤맴
61 斬新 (ざんしん) 참신	**77** 撤去 (てっきょ) 철거
62 支援 (し えん) 지원	古 (ふる) い建物 (たてもの) を撤去 (てっきょ) した。
	78 町並み (まち な) 거리에 집이나 상점이 늘어선 모양, 또는 그곳

問題1 ＿＿＿＿の言葉の読み方として最もよいものを、１・２・３・４から一つ選びなさい。

1 大企業の社長のお父さんを持つ彼は立派な大邸宅に住んでいる。

1 ごうてい　　　　2 べっそう　　　　3 ざいばつ　　　　4 ていたく

2 綺麗に咲いてきたね、この蕾ももうすぐ咲きそうだよ。

1 つぼみ　　　　2 たね　　　　3 はなびら　　　　4 ほうし

3 新しく創刊される雑誌のインタビューを受けることになった。

1 そうかん　　　　2 しんかん　　　　3 はっかん　　　　4 とうかん

4 健康の為には、蛋白質のある食品も食べないといけませんよ。

1 はくしつ　　　　2 こぱくしつ　　　　3 たんぱくしつ　　　　4 たんはくしつ

5 今日はここでキャンプします。じゃあ、まずは焚火の準備から始めましょう。

1 ぼや　　　　2 たきび　　　　3 すみび　　　　4 きつねび

6 昔では人の体を切開する治療方法は考えられなかっただろう。

1 せっぷく　　　　2 せつだん　　　　3 せつごう　　　　4 せっかい

7 彼女は周りの良くない雰囲気を察知したのか、いつの間にか姿を消していた。

1 つうち　　　　2 さっち　　　　3 さっき　　　　4 しゅうち

8 朝入ってきた商品だけど、そこの棚に陳列しといてね。

1 ちんれつ　　　　2 どうれつ　　　　3 せいれつ　　　　4 さんれつ

1 結婚式にジーンズで行くなんて（　　　）が悪いからやめてちょうだい。

　1 服飾　　　　　　2 洋裁　　　　　　3 体裁　　　　　　4 着服

2 それでは肺の音を聞きます。（　　　）を当てますので背中を見せて下さい。

　1 録音機　　　　　2 蓄音器　　　　　3 補聴器　　　　　4 聴診器

3 機嫌を損ねたのか、私が笑いかけたら娘は（　　　）を向く。

　1 だっこ　　　　　2 そっぽ　　　　　3 のっぽ　　　　　4 おっぽ

4 彼女の作る（　　　）的な作品は誰にも真似できない。

　1 独創　　　　　　2 独学　　　　　　3 独立　　　　　　4 独断

5 一人暮らしなんだから寝る時とか、出かける時とか（　　　）はきちんとし
　なさいよ。

　1 節約　　　　　　2 生活　　　　　　3 気配り　　　　　4 戸締り

6 環境と人を（　　　）にして論文を書くことにした。

　1 真剣　　　　　　2 詳細　　　　　　3 題材　　　　　　4 目標

7 電車やバスの（　　　）は私には高い位置に付けられていて手が届かない。

　1 運賃　　　　　　2 吊革　　　　　　3 座席　　　　　　4 運転

8 この壺は先日（　　　）された2000年前の壺です。

　1 発生　　　　　　2 発達　　　　　　3 発掘　　　　　　4 発覚

問題3 ＿＿＿＿の言葉に意味が最も近いものを、1・2・3・4から一つ選び
なさい。

1 うちの家はご飯の後、みんな茶の間でテレビを見る。

　1 トイレ　　　　　2 寝室　　　　　3 玄関　　　　　4 居間

2 わかめが健康に良い食品だと注目されてから、どの店でもわかめが売り切れ
だ。

　1 着目　　　　　2 広告　　　　　3 宣伝　　　　　4 噂

3 緊急時の彼の的確な対応に心を奪われた。

　1 対抗　　　　　2 対処　　　　　3 対策　　　　　4 対等

4 この石に10億円の価値があるとは思えないのだが。

　1 価格　　　　　2 定価　　　　　3 値打ち　　　　4 値段

5 このビルの最上階には街全体を眺めることの出来るレストランがある。

　1 観察する　　　2 展望する　　　3 監視する　　　4 展示する

6 前回は途中で諦めたが、今回は最後までやり通す。

　1 挫折した　　　2 覚悟した　　　3 執着した　　　4 交代した

7 一文是正しただけでこんなに文章が良くなるんだね。

　1 修理　　　　　2 修飾　　　　　3 監修　　　　　4 修正

8 改革を望むのであれば、まずこの会社の核から変えていかないといけないよ。

　1 中毒　　　　　2 心中　　　　　3 中枢　　　　　4 的中

1 つじつま

1 提出日は外の掲示板に<u>つじつま</u>してあります。

2 車は安全に<u>つじつま</u>して下さい。

3 次が待ってますので<u>つじつま</u>出てください。

4 彼の話には<u>つじつま</u>が合わないところが沢山あった。

2 度忘れ

1 <u>度忘れ</u>物はありませんか？

2 何だっけ？ さっきまで覚えてたのに、つい<u>度忘れ</u>しちゃったよ。

3 明日までに台本を<u>度忘れ</u>しないといけないのに、まだ一行も覚えていない。

4 <u>度忘れ</u>するまでもなく彼は無実だ。

3 一気

1 空気が悪いよ。<u>一気</u>したほうがいいよ。

2 彼女が来ないと聞いて<u>一気</u>にやる気がなくなった。

3 負けたけど頑張ったじゃないか、<u>一気</u>だしなよ。

4 君はこの中で一番<u>一気</u>があっていいね。

01 定理 정리
この問題はピタゴラスの定理が分かっていれば解けた問題です。

02 手掛かり 손으로 잡을 곳, 단서, 실마리
彼がどこに行ったのか、手掛かりがまだ掴めません。

03 出直し 되돌아갔다 다시 옴, (처음부터)다시 함

04 手筈 (미리 정해두는 어떤 일의) 준비, 절차, 순서
逃げる手筈は整った。

05 手回し 손으로 돌림, 준비, 채비
類 **手配り** 준비, 배치
部下の手回しがいい。

06 転回 전회, 회전, 방향을 크게 바꿈
類 **回転** 회전
船の向きが80度転回した。

07 天地 천지　類 **宇宙** 우주
今日からここが私の新天地だ。

08 統制 통제
このチームは統制がとれている。

09 統治 통치

10 特派 특파

11 とげ 가시

12 突破 돌파
兄が所属しているチームが3回戦を突破した。

13 土俵 씨름판

14 問屋 도매상
母は服などを問屋で買ってくる。

15 ねじまわし 나사돌리개, 드라이버

16 年鑑 연감

17 年輪 연륜, 나이테
木の年齢は年輪を見れば分かります。

18 農耕 농경

19 廃止 폐지
従来の保険制度を廃止します。

20 拝借 '빌리다'의 겸양어, 삼가 빌려 씀
類 **借りる** 빌리다
お手洗いを拝借したいんですが。

21 排除 배제
道に積もった雪を排除します。

22 破損 파손
大きな台風の影響で道路が破損した。

23 碑 비, 비석

24 人質 인질, 볼모
今すぐ人質を解放しなさい。

25	ふくめん **覆面** 복면, (변하여)익명

<ruby>覆面<rt>ふくめん</rt></ruby>を<ruby>被<rt>かぶ</rt></ruby>った<ruby>男<rt>おとこ</rt></ruby>にいきなり<ruby>殴<rt>なぐ</rt></ruby>られた。

26	ふ よう **扶養** 부양

<ruby>私<rt>わたし</rt></ruby>と<ruby>妹<rt>いもうと</rt></ruby>と<ruby>母<rt>はは</rt></ruby>は<ruby>父<rt>ちち</rt></ruby>の<ruby>扶養<rt>ふよう</rt></ruby><ruby>家族<rt>かぞく</rt></ruby>です。

27	はんしょく **繁殖** 번식

ネズミの<ruby>繁殖<rt>はんしょく</rt></ruby><ruby>力<rt>りょく</rt></ruby>はとても<ruby>強<rt>つよ</rt></ruby>い。

28	ひ しょ **秘書** 비서

29	ひ なん **避難** 피난

30	び りょう **微量** 미량

31	ふ にん **赴任** 부임

32	ふ はい **腐敗** 부패

33	ふんがい **憤慨** 분개

<ruby>部下<rt>ぶか</rt></ruby>の<ruby>身勝手<rt>みがって</rt></ruby>な<ruby>行動<rt>こうどう</rt></ruby>に<ruby>上司<rt>じょうし</rt></ruby>が<ruby>憤慨<rt>ふんがい</rt></ruby>した。

34	ふんしゅつ **噴出** 분출

35	ふんとう **奮闘** 분투

<ruby>彼<rt>かれ</rt></ruby>は<ruby>新<rt>あたら</rt></ruby>しい<ruby>職場<rt>しょくば</rt></ruby>で<ruby>奮闘<rt>ふんとう</rt></ruby>している。

36	ぶん り **分離** 분리

37	へんかん **返還** 반환

38	べんしょう **弁償** 변상

39	へんせん **変遷** 변천

40	ほうかい **崩壊** 붕괴

41	ぼうせき **紡績** 방적

42	ぼうちょう **膨張** 팽창

43	ぼうとう **冒頭** 모두, 첫머리

<ruby>物語<rt>ものがたり</rt></ruby>の<ruby>冒頭<rt>ぼうとう</rt></ruby>の<ruby>部分<rt>ぶぶん</rt></ruby>を<ruby>読<rt>よ</rt></ruby>んでください。

44	ほう び **褒美** 칭찬하며 주는 금품, 포상　**類** ほうしょう **褒賞** 포상

<ruby>家事<rt>かじ</rt></ruby>を<ruby>手伝<rt>てつだ</rt></ruby>ったので<ruby>母<rt>はは</rt></ruby>から<ruby>褒美<rt>ほうび</rt></ruby>をもらった。

45	ほ そう **舗装** 포장

46	ぼっしゅう **没収** 몰수

47	ほっそく **発足** 발족

48	ほ よう **保養** 보양, 휴양　**類** ようじょう **養生** 양생, 섭생

<ruby>体<rt>からだ</rt></ruby>の<ruby>調子<rt>ちょうし</rt></ruby>がよくないので、しばらく<ruby>保養<rt>ほよう</rt></ruby>することにした。

49	ほんかん **本館** 본관

50	まいぞう **埋蔵** 매장

51	まんせい **慢性** 만성

52	みちばた **道端** 길가, 도로변

53	みっしゅう **密集** 밀집

<table>
<tr><td>

54 営^{いとな}み 일, 생업, 영위

55 営^{えい り}利 영리

56 親^{おやこうこう}孝行 효도, 효행

今^{いま}まで親^{おや}に迷惑^{めいわく}ばかりかけてきたので、これからは親^{おやこうこう}孝行をたくさんしていきたい。

57 解^{かい こ}雇 해고

58 解^{かいたい}体 해체

59 解^{かいめい}明 해명

60 虐^{ぎゃくたい}待 학대

61 懸^{け ねん}念 걱정, 염려

62 厳^{げんかく}格 엄격

私^{わたし}は厳^{げんかく}格な両親^{りょうしん}の元^{もと}で育^{そだ}った。

63 幻^{げんそう}想 환상

64 取^{しゅとく}得 취득

65 浸^{しんとう}透 침투

66 双^{そうほう}方 쌍방, 양쪽

67 探^{たんきゅう}求 탐구

68 痴^{ち かん}漢 치한

69 搭^{とうじょう}乗 탑승

</td><td>

70 派^{は けん}遣 파견

71 破^{は たん}綻 파탄

不景気^{ふけいき}で多^{おお}くの会社経営^{かいしゃけいえい}が破綻^{は たん}した。

72 判^{はんめい}明 판명

彼^{かれ}の名前^{な まえ}が偽名^{ぎ めい}だということが判^{はん}明^{めい}した。

73 必^{ひつじゅ}需 필수

74 風^{ふうちょう}潮 풍조

</td></tr>
</table>

問題1 _______ の言葉の読み方として最もよいものを、1・2・3・4から一つ選びなさい。

1 実験は成功だ。これで君の定理が正しかったことが証明されたね。

1 ていぎ　　　　2 ていり　　　　　　3 ろんり　　　　　4 じょうり

2 農業活動により形成されていた民族のことを、農耕民族と言います。

1 のうそん　　　2 のうみん　　　　　3 のうこう　　　　4 のうぎょう

3 確かその法律は３年前に廃止されたはずですよ。

1 はいし　　　　2 ちゅうし　　　　　3 そし　　　　　　4 きんし

4 私の家は有名な問屋街にある。

1 といや　　　　2 のきや　　　　　　3 とうや　　　　　4 とんや

5 褒美が出ると聞いた途端、皆張り切りだした。

1 みやげ　　　　2 ほうび　　　　　　3 さんび　　　　　4 しょうび

6 一人からではなく、双方から話を聞かないことには判断できない。

1 ふたご　　　　2 ふたかた　　　　　3 そうし　　　　　4 そうほう

7 私たちは初めての子育てに奮闘している。

1 ふんとう　　　2 かくとう　　　　　3 げきとう　　　　4 けんとう

8 普通の車かと思ったら覆面パトカーだった。

1 おめん　　　　2 かめん　　　　　　3 ふくめん　　　　4 がめん

問題2 （　　　）に入れるのに最もよいものを、1・2・3・4から一つ選び
なさい。

1 彼女と対等に話をしたかったら、まずは同じ（　　　）に上がれるように
努力することだ。

  1 畳　　　　　　　2 布団　　　　　　3 土俵　　　　　　4 天秤

2 私たちは父の（　　　）家族にあたる。

  1 父兄　　　　　　2 扶養　　　　　　3 血統　　　　　　4 親族

3 この辺りは本屋が（　　　）している。

  1 密集　　　　　　2 密接　　　　　　3 密偵　　　　　　4 密度

4 私が（　　　）になります。だから息子を解放して下さい。

  1 人相　　　　　　2 代行　　　　　　3 代弁　　　　　　4 人質

5 木がどれだけ生きてきたかは、木の（　　　）を見れば分かる。

  1 年輪　　　　　　2 車輪　　　　　　3 球根　　　　　　4 根源

6 新しく（　　　）した企画チームに異動することになった。

  1 発端　　　　　　2 勃発　　　　　　3 発起　　　　　　4 発足

7 目が悪い私にとって眼鏡は（　　　）品だ。

  1 贈答　　　　　　2 必需　　　　　　3 謙譲　　　　　　4 貴重

8 ぶつかって（　　　）した部分は直せそうですか。

  1 事故　　　　　　2 破談　　　　　　3 破損　　　　　　4 事物

 ＿＿＿＿の言葉に意味が最も近いものを、1・2・3・4から一つ選びなさい。

1 脱出の手筈は整っております。

　1 準備　　　　　　2 介助　　　　　　3 手工　　　　　　4 志向

2 この棚から何冊か本を借りて行っても良いかな？

　1 拝見して　　　　2 拝読して　　　　3 拝借して　　　　4 拝啓して

3 昔々、この村には村を支配する悪い殿様がおりました。

　1 伝統　　　　　　2 統治　　　　　　3 統計　　　　　　4 血統

4 君が余計なことを言うから先生は憤慨して帰ってしまったぞ。

　1 笑って　　　　　2 悲しんで　　　　3 呆れて　　　　　4 怒って

5 「冒険は日常の中にある。」本の始まりにはこう書かれてあった。

　1 初版　　　　　　2 冒頭　　　　　　3 始発　　　　　　4 開講

6 難しいと言われた一次試験を通過することができた。

　1 横断する　　　　2 去る　　　　　　3 突破する　　　　4 経験する

7 検査の結果、彼が実の兄であることが分かった。

　1 判明した　　　　2 認定した　　　　3 判断した　　　　4 認証した

8 君は何かと手回しがいいねえ。

　1 手中　　　　　　2 手腕　　　　　　3 手芸　　　　　　4 手配り

問題4 次の言葉の使い方として最もよいものを、1・2・3・4から一つ選び
なさい。

[1]　手掛かり

1　お祖母ちゃんの為に階段に<u>手掛かり</u>をつけよう。

2　そろそろ<u>手掛かり</u>してあげたらどう？

3　<u>手掛かり</u>されたので行ってみたら告白された。

4　事件解決となる<u>手掛かり</u>が見つかった。

[2]　没収

1　火曜日は生ごみの<u>没収</u>日です。

2　表のアルバイト<u>没収</u>の張り紙を見たんですけど。

3　学校でお菓子を食べていたら先生に<u>没収</u>された。

4　僕のお父さんはプロ野球の<u>没収</u>だ。

[3]　厳格

1　私は父の<u>厳格</u>な教育を受けてきた。

2　最近寝てないせいか、ついに<u>厳格</u>が見え始めた。

3　今日は特別に全商品を半額に<u>厳格</u>いたします。

4　<u>厳格</u>の靴はちゃんと整えなさいっていつも言ってるでしょう。

01 辟易（へきえき） 압도되어 물러섬, 몹시 성가셔 손을 듦, 질림
類 嫌気が差す（いやけがさす） 싫증나다, 지겹다
何（なに）に対（たい）しても細（こま）かい旦那（だんな）に辟易（へきえき）する。

02 縁（へり） 가장자리, 언저리
類 縁（ふち） 가장자리, 테두리 縁（えん） 인연
川（かわ）の縁（へり）で釣（つ）りをしている人（ひと）がいた。

03 変革（へんかく） 변혁 類 改革（かいかく） 개혁
内閣（ないかく）が変（か）わり、制度（せいど）の変革（へんかく）が始（はじ）まった。

04 便宜（べんぎ） 편의
このセンターは学生（がくせい）の研究（けんきゅう）の便宜（べんぎ）をはかるため建（た）てられた。

05 弁論（べんろん） 변론
弁論（べんろん）大会（たいかい）で優勝（ゆうしょう）した。

06 防火（ぼうか） 방화
災害（さいがい）に備（そな）えた防火（ぼうか）対策（たいさく）は必要（ひつよう）だ。

07 飽和（ほうわ） 포화

08 保護（ほご） 보호 類 擁護（ようご） 옹호
行方不明（ゆくえふめい）になっていた男（おとこ）の子（こ）を保護（ほご）しました。

09 没落（ぼつらく） 몰락

10 ほとり 근처, 부근 類 そば 옆, 근처
父（ちち）の別荘（べっそう）が湖（みずうみ）のほとりにある。

11 瞬（まばた）き 눈을 깜빡임

12 源（みなもと） 수원, 근원, 기원
類 水源（すいげん） 수원 起源（きげん） 기원
このドリンクが私（わたし）の元気（げんき）の源（みなもと）です。

13 雌（めす） (동물의)암컷

14 持（も）ち切（き）り 그 상태나 화제가 계속됨
教室（きょうしつ）は先生（せんせい）の結婚話（けっこんばなし）で持（も）ち切（き）りになった。

15 盲点（もうてん） 맹점, 허점
生徒（せいと）の盲点（もうてん）を突（つ）いた質問（しつもん）に答（こた）えられなかった。

16 模型（もけい） 모형

17 物好（ものず）き 별난 것을 좋아함, 또는 그런 사람
父（ちち）を選（えら）んだ母（はは）は物好（ものず）きだなと思（おも）う。

18 模範（もはん） 모범 類 手本（てほん） 모범, 본보기
今（いま）から模範（もはん）解答（かいとう）を配（くば）ります。

19 屋敷（やしき） 집의 대지, 부지, 저택
類 邸宅（ていたく） 저택
祖母（そぼ）は大（おお）きな屋敷（やしき）に一人（ひとり）で住（す）んでいる。

20 誘導（ゆうどう） 유도
車（くるま）を駐車場（ちゅうしゃじょう）に誘導（ゆうどう）する。

21 誘惑（ゆうわく） 유혹

22 抑圧 (よくあつ) 억압

23 夜更け (よ ふ) 심야, 야심 類 深夜 (しん や) 심야
友達が夜更けに電話してきた。 (ともだち / よ ふ / でん わ)

24 酪農 (らくのう) 낙농

25 濫用 (らんよう) 남용

26 林業 (りんぎょう) 임업

27 目方 (め かた) 무게, 중량 類 重量 (じゅうりょう) 중량, 무게
また目方が増えてしまった。 (め かた / ふ)

28 模索 (もさく) 모색

29 喪服 (も ふく) 상복, 문상객의 예복

30 融資 (ゆうし) 융자

31 融通 (ゆうずう) 융통

32 善し悪し (よ / あ) 좋고 나쁨, 옳고 그름, 선악
類 善悪 (ぜんあく) 선악
もう少し物の善し悪しを見分けられ (すこ / もの / よ あ / みわ)
るようになりなさい。

33 養護 (ようご) 양호

34 抑制 (よくせい) 억제

35 横綱 (よこづな) 일본 씨름꾼 최고의 지위, 또는 그 씨름꾼, 제일인자

36 夜更かし (よ ふ) 밤늦도록 자지 않음

37 理屈 (り くつ) 이치, 도리, 사리, 억지 이론, 구실, 핑계
類 屁理屈 (へ り くつ) 이치에 닿지 않는 이론, 이유
道理 (どう り) 도리, 이치
彼は言うこと全てに理屈が通って (かれ / い / すべ / り くつ / とお)
いる。

38 略奪 (りゃくだつ) 약탈

39 領海 (りょうかい) 영해

40 了解 (りょうかい) 의미·이유 등을 이해함, 양해
類 了承 (りょうしょう) 승낙, 납득, 양해
この書類を整理すればいいんです (しょるい / せいり)
ね。了解しました。 (りょうかい)

41 了承 (りょうしょう) 승낙, 납득, 양해 類 承諾 (しょうだく) 승낙
その件に関しては社長も了承済み (けん / かん / しゃちょう / りょうしょう / ず)
です。

42 旅客 / 旅客 (りょかく / りょきゃく) 여객
類 乗客 (じょうきゃく) 승객 旅行客 (りょこうきゃく) 여행객
連休になると旅客が一気に増える。 (れんきゅう / りょかく / いっき / ふ)

43 朗読 (ろうどく) 낭독

44 惑星 (わくせい) 행성

45 飲食 음식

46 回避 회피

47 帰属 귀속

48 既存 기존

49 休職 휴직

50 強要 강요

51 継承 계승

52 従業員 종업원

53 称賛 칭찬
　㊣ 誉め称える 몹시 칭찬하다
　営業成績がトップだったため社長
　に称賛された。

54 数値 수치

55 専念 전념
　受験も近いし、今は勉強に専念し
　なさい。

56 戦略 전략

57 臓器 장기, 내장기관

58 断片 단편, 조각
　㊣ 一部分 일부분　切れ端 자투리, 토막
　記憶の断片が蘇った。

59 転職 전직

60 廃車 폐차

61 発端 발단

62 満喫 만끽, 욕망을 충족시킴

63 やり取り (물건이나 말을)주고받음
　取引先の相手とはいつも電話で
　やり取りしている。

問題1 ＿＿＿＿の言葉の読み方として最もよいものを、１・２・３・４から一つ
選びなさい。

1 私が緊張しないように彼は便宜を図ってくれた。

1 べんぎ　　　　　2 べんろん　　　　3 べんざ　　　　4 べんかい

2 彼女のあまりの勢いに辟易した。

1 うんざり　　　　2 かんげき　　　　3 へきえき　　　　4 かんねん

3 迷子になっていた子供が無事保護された。

1 ほご　　　　　　2 ほじゅう　　　　3 ほしゃく　　　　4 ほじ

4 兄の話は理屈ばかりで疲れる。

1 へんくつ　　　　2 たいくつ　　　　3 げんくつ　　　　4 りくつ

5 新しい建物を建てるより既存の建物を使った方がいいよ。

1 ほぞん　　　　　2 せいぞん　　　　3 いぞん　　　　4 きぞん

6 どうせ計画通りには進まないだろうから、後から融通が利くように企画しよう。

1 そようじゅう　　2 ないつう　　　　3 ゆうずう　　　　4 しょくつう

7 私の力の源は家族です。

1 げん　　　　　　2 みなもと　　　　3 いずみ　　　　4 もと

8 彼は他の人より瞬きの回数が多い。

1 きらめき　　　　2 やるき　　　　　3 しゅんき　　　　4 まばたき

問題2 （　　　）に入れるのに最もよいものを、1・2・3・4から一つ選び
なさい。

1 教室は先生の結婚相手の話で（　　　）になっている。

　1 持ち切り　　　　2 盛大　　　　　　3 持ち味　　　　4 大好評

2 彼があそこまで問題を解けるとは（　　　）だった。

　1 光点　　　　　　2 弱点　　　　　　3 盲点　　　　　4 観点

3 私は避難経路を確認してくるから、あなたは子供たちを（　　　）してちょ
うだい。

　1 勧誘　　　　　　2 誘発　　　　　　3 誘因　　　　　4 誘導

4 火事にならないようにするには、まずは日ごろから（　　　）対策をしてお
くことが大切だ。

　1 避難　　　　　　2 防火　　　　　　3 焼失　　　　　4 非常

5 地球もこの広い宇宙の中の（　　　）の一つである。

　1 流星　　　　　　2 衛星　　　　　　3 惑星　　　　　4 運星

6 別に誰かに（　　　）された訳ではなく、私の意志で始めたことです。

　1 主要　　　　　　2 要領　　　　　　3 要約　　　　　4 強要

7 私はどうしても甘い物の（　　　）に勝てない。

　1 誘惑　　　　　　2 惑乱　　　　　　3 誘致　　　　　4 風致

8 粘った甲斐があって、有名企業から（　　　）を受けられることになった。

　1 融和　　　　　　2 調和　　　　　　3 融資　　　　　4 調製

問題3 ＿＿＿＿＿の言葉に意味が最も近いものを、１・２・３・４から一つ選びなさい。

1 また一緒に仕事をするなんて、君とは不思議な縁を感じるよ。

1 縁談　　　　　2 繋ぎ目　　　　　3 縁先　　　　　4 繋がり

2 今から模範演技を見せますので、良く見ておいて下さい。

1 模型　　　　　2 手本　　　　　3 手柄　　　　　4 模様

3 昔からこの池のほとりには夜になると幽霊が出るって噂だよ。

1 付近　　　　　2 夜更け　　　　　3 沼　　　　　4 水面

4 魚はここに乗せて目方を測ってからかごに入れてくれ。

1 種類　　　　　2 状態　　　　　3 重量　　　　　4 視力

5 すでにコップは飽和状態ですので、これ以上水を入れることはできません。

1 飽食　　　　　2 いっぱい　　　　　3 破裂　　　　　4 調和

6 私は今日から研究に集中するから、悪いけど他の事は宜しくね。

1 専念　　　　　2 専門　　　　　3 専攻　　　　　4 専願

7 社長からはすでに承諾を頂いております。

1 完了　　　　　2 継承　　　　　3 了承　　　　　4 継続

8 今まさに改革の時が来たのではないか？

1 革質　　　　　2 改札　　　　　3 改稿　　　　　4 変革

1 善し悪し

1 長い裁判だったが、やっと善し悪しが出た。

2 子供じゃないんだ、物事の善し悪しぐらい分かるだろう。

3 今日一日善し悪しだったね。

4 こんな善し悪しに何の用ですか？

2 やりとり

1 やりとりして遊ぼうか？

2 我々やりとりには上の事までは分からない。

3 彼はさっきから右へ左へやりとりと忙しそうだ。

4 今までのやりとりからは彼が犯人だとは思えませんが。

3 物好き

1 父を好きになるなんて母は物好きだと思う。

2 沢山ありますので、物好きな色を取って下さい。

3 ありがとう、これずっと前から物好きだったの。

4 私の物好きは釣りです。

Chapter 2 い형용사

01 浅（あさ）ましい　비열하다, 비참하다, 딱하다
㉤ さもしい　천박하다, 야비하다, 치사스럽다
最近（さいきん）は昔（むかし）よりも浅（あさ）ましい世（よ）の中（なか）になったと祖母（そぼ）が言（い）っていた。

02 卑（いや）しい　(신분·지위가)낮다, 천하다, 비열하다
私（わたし）の姉（あね）は性格（せいかく）が卑（いや）しい。

03 うっとうしい　답답하다, 우울하다, 번거롭다
㉤ 煩（わずら）わしい　번거롭다, 성가시다
昨日（きのう）からうっとうしい天気（てんき）が続（つづ）いている。

04 決（き）まり悪（わる）い　쑥스럽다, 어쩐지 부끄럽다
㉤ 恥（は）ずかしい　창피하다
初（はじ）めて親（おや）に誉（ほ）められて決（き）まり悪（わる）かった。

05 くすぐったい　간지럽다, 쑥스럽다
㉤ こそばゆい　간지럽다, 쑥스럽다
　照（て）れくさい　멋쩍다, 쑥스럽다
みんなの前（まえ）で先生（せんせい）に誉（ほ）められてくすぐったかった。

06 けがらわしい　더럽다, 추잡스럽다
㉤ 汚（きたな）らしい　더러워 보이다, 추접스럽다
横領（おうりょう）はけがらわしい行為（こうい）だ。

07 気怠（けだる）い　어쩐지 나른하다, 노곤하다
梅雨（つゆ）になるとなぜか気怠（けだる）くなる。

08 好（この）ましい　마음에 들다, 호감이 가다
香水（こうすい）の香（かおり）が好（この）ましい。

09 しぶとい　끈질기다, 강인하다
㉤ 粘（ねば）り強（づよ）い　매우 차지다, 끈질기다
雑草（ざっそう）にはどんなに踏（ふ）まれてもしぶとく生（い）きていく力（ちから）がある。

10 すがすがしい　상쾌하다, 개운하다
今日（きょう）は空気（くうき）が澄（す）んでいてとてもすがすがしい朝（あさ）だった。

11 素早（すばや）い　재빠르다, 날쌔다
㉤ 敏速（びんそく）だ　날쌔고 빠르다
スポーツ選手（せんしゅ）には素早（すばや）く動（うご）ける能力（のうりょく）が必要（ひつよう）だ。

12 切（せつ）ない　괴롭다, 안타깝다, 애절하다
㉤ やりきれない　해낼 수 없다, 견딜 수 없다
息子（むすこ）が一生懸命（いっしょうけんめい）発表会（はっぴょうかい）の練習（れんしゅう）をしていたのに、本番（ほんばん）で失敗（しっぱい）してしまって見（み）ている私（わたし）が切（せつ）なかった。

13 そっけない　매정하다, 쌀쌀맞다
最近（さいきん）友達（ともだち）の態度（たいど）がそっけなくなった。

14 たくましい　다부지다, 힘차다, 왕성하다
彼女（かのじょ）の想像力（そうぞうりょく）はとてもたくましい。

15 でかい　크다, 엄청나다　㉤ 大（おお）きい　크다
父（ちち）は母（はは）の前（まえ）でだけ態度（たいど）がでかい。

16	何気ない 아무렇지도 않다, 태연하다

16 何気ない 아무렇지도 않다, 태연하다

類 **さりげない** 아무 일도 없는 듯하다

何気ない一言が人を傷つけることがある。

17 生臭い 비린내가 나다, 비리다, 중이 품행이 나쁘다

アンケートの結果、魚が嫌いな理由の多くは生臭いからだった。

18 馴れ馴れしい 매우 친하다, 허물없다

会ってまだ2回目なのに馴れ馴れしくされて気分が悪かった。

19 根強い 뿌리 깊다, 끈질기다

この歌手には根強いファンが多い。

20 望ましい 바람직하다

行動は慎重に行うことが望ましい。

21 はかない 헛되다, 허무하다

類 **空しい** 공허하다, 헛되다

背が高ければモデルになれるなんてはかない考えだった。

22 華々しい 화려하다, 눈부시다

彼の選手時代はとても華々しいものだった。

23 紛らわしい 혼동하기 쉽다, 헷갈리기 쉽다

この道路は似たような標識がいくつもあり、とても紛らわしい。

24 待ち遠しい 몹시 기다려지다

次の給料日が待ち遠しい。

25 見すぼらしい (몰골이)초라하다, 볼품없다

駅の近くに今にも壊れそうな見すぼらしいビルがあった。

26 空しい 허무하다, 헛되다

類 **空虚** 공허　**はかない** 덧없다, 허무하다

無意味 무의미

一人で家にいると、たまに空しい気持ちになる。

27 虚しい 헛되다, 공허하다

何をするわけでもなく虚しく時間が過ぎてしまった。

28 目新しい 새롭다, 신기하다, 진기하다

類 **珍しい** 드물다, 희귀하다

このカバンのデザインは目新しい。

29 女々しい 사내답지 않다, 여자 같다

類 **意気地がない** 패기가 없다

男のくせに女々しい事言うなよ。

30 物足りない 뭔가 아쉽다, 어쩐지 섭섭하다

いっぱい食べたはずなのだが、何か物足りない。

31 脆い 깨지기 쉽다, 부서지기 쉽다, 약하다, 여리다

類 **壊れやすい** 부서지기 쉽다

頑丈そうな壁だったが、実は脆かった。

32 煩わしい 번거롭다, 귀찮다

気分が悪いときは人と話すのが煩わしい。

問題1 _______ の言葉の読み方として最もよいものを、1・2・3・4から一つ選びなさい。

1 彼女は皆が他に気を取られている間に素早くテーブルを片付けた。

1 すばやく　　　2 いっそく　　　3 そばやく　　　4 しゅんそく

2 私は彼の何気ない身振りがとても好きだ。

1 さりげない　　　2 わるぎない　　　3 なにげない　　　4 やるきない

3 ただでさえ顔が似てるのに、同じ服を着られたら余計紛らわしいから止めてよ。

1 ふんらわしい　　　2 けがらわしい　　　3 こならわしい　　　4 まぎらわしい

4 結局何も出来ず、ただ空しく時間だけが過ぎていった。

1 かなしく　　　2 からしく　　　3 むなしく　　　4 そらしく

5 初めての恋を思い出すととても切ない気持ちになる。

1 きりない　　　2 つたない　　　3 いみない　　　4 せつない

6 都会からの転校生が相当目新しかったようで、彼は転校初日から引っ張りだこだった。

1 ものめずらしかった　　　　　　　2 うたがわしかった
3 めあたらしかった　　　　　　　　4 めまぐるしかった

7 彼は金持ちだが、時々驚くほどの卑しさを見せる。

1 あやしさ　　　2 いやしさ　　　3 くるしさ　　　4 いとしさ

8 友達の結婚式はとても華々しく行われた。

1 こうごうしく　　　　　　　　　　2 かるがるしく
3 おもおもしく　　　　　　　　　　4 はなばなしく

1 さっきから目の前を行ったり来たり、（　　　）から止めて。
　1 めざとい　　　　　2 まわゆい　　　　　3 けだるい　　　　　4 うっとうしい

2 桜が散るのを見ていると、とても（　　　）気持ちになる。
　1 おかない　　　　　2 はかない　　　　　3 いらない　　　　　4 みれない

3 あなたが直接行くのが（　　　）と思うわよ。
　1 忌々しい　　　　　2 目まぐるしい　　　3 望ましい　　　　　4 忙しい

4 運動の甲斐あって彼は（　　　）体を手に入れた。
　1 たくましい　　　　2 あさましい　　　　3 おこがましい　　　4 めめしい

5 彼の言うことは立派だが中身がない、言葉だけでは（　　　）だけだ。
　1 新しい　　　　　　2 楽しい　　　　　　3 虚しい　　　　　　4 涼しい

6 久しぶりに会ったのに態度が（　　　）ので悲しかった。
　1 ほっとけなかった　　　　　　　　2 かっとけなかった
　3 しっけなかった　　　　　　　　　4 そっけなかった

7 人気を得るには店内もお客さんが（　　　）と考える作りにしなくてはいけ
ない。
　1 好ましい　　　　　2 恨めしい　　　　　3 甚だしい　　　　　4 羨ましい

8 こんな（　　　）素材では家は作れないだろう。
　1 脆い　　　　　　　2 憎い　　　　　　　3 痛い　　　　　　　4 温い

問題3 ＿＿＿＿＿の言葉に意味が最も近いものを、１・２・３・４から一つ選びなさい。

1 彼は一度言い出したら最後、何があってもやり通すかなり<u>しぶとい</u>性格だ。

1 傲慢な　　　　2 怠慢な　　　　3 強情な　　　　4 人情な

2 細かい作業ですが、<u>煩わしい</u>と思わずにしっかりやって下さい。

1 面倒だ　　　　2 退屈だ　　　　3 雑用だ　　　　4 金欠だ

3 スイカじゃないの？ こんなに<u>でかい</u>りんご初めて見たよ。

1 巨大な　　　　2 大胆な　　　　3 大根な　　　　4 寛大な

4 長く降り続いた雨が止んで、今日はとても<u>すがすがしい</u>朝を迎えた。

1 見通しがいい　　　　　　　　2 いい態度の
3 気持ちいい　　　　　　　　　4 いい加減な

5 賢い君にはここの勉強は<u>ものたりない</u>だろうが、ここは勉強以外の事も学べるはずだよ。

1 約束できない　　　　　　　　2 満足できない
3 上手くできない　　　　　　　4 感動できない

6 卒業式までそんな<u>みすぼらしい</u>格好で来ないでよ。

1 粗末な　　　　2 豪華な　　　　3 可憐な　　　　4 気軽な

7 この役者は10年間<u>根強い</u>人気を保っている。

1 固定した　　　　2 仮定した　　　　3 査定した　　　　4 安定した

8 そこまで褒められると<u>くすぐったい</u>です。

1 腹立たしい　　　　2 可笑しい　　　　3 悲しい　　　　4 恥ずかしい

 次の言葉の使い方として最もよいものを、1・2・3・4から一つ選び
なさい。

1 馴れ馴れしい

　1　君もずいぶんと仕事に馴れ馴れしくなってきたね。

　2　傷もだいぶ馴れ馴れしくなってきたから、明日には学校に行けるね。

　3　そこのところ、まだ出っ張ってるから馴れ馴れしくしといてくれるかな？

　4　その男は初めて会った私にとても馴れ馴れしく接っしてきた。

2 気怠い

　1　なんだか気怠そうだけど、体の調子でも悪いの？

　2　今日も一日気怠く頑張りましょう。

　3　あまりの気怠さに寝る時間もない。

　4　雨も止んで気怠い天気になって良かったね。

3 きまりわるい

　1　留学すると言った手前3日で帰って来たなど、きまりわるくて言えない。

　2　お母さん買い物に行ってくるから、きまりわるくして家にいてね。

　3　来月の予定がきまりわるくできましたので、前に取りに来て下さい。

　4　私はあの一番きまりわるそうなのを食べるわ。

01 鮮やか 산뜻함, 선명함

この服は鮮やかなデザインがとても気に入って買った。

02 あやふや 애매함, 모호함

類 **不確か** 불확실함　**曖昧** 애매함

小さい頃の記憶はあやふやなものが多い。

03 いいかげん 무책임함, 엉터리임

類 **でたらめ** 엉터리임, 아무렇게나 함

いいかげんなことばかり言っていたので誰からも信用されなくなった。

04 円滑 원활함

仕事をするとき円滑に進めることを第一に考えている。

05 婉曲 완곡, (말이나 행동 등을)빙 돌려서 함

上司の誘いを婉曲に断った。

06 おおげさ 과장됨, 야단스러움

私は何事もおおげさに考えてしまうところがある。

07 大まか 대범함, 얼추잡음, 대충, 대략

類 **大雑把** 대략적임, 조잡함, 얼추잡음

作業の大まかな流れはこんな感じです。

08 厳か 엄숙함

入社式は厳かな雰囲気の中で行われた。

09 愚か 미련함, 어리석음

暮らしをよりよくするために環境を破壊するなんて愚かなことだ。

10 微か 희미함, 아련함, 미미함

類 **僅か** 근소함, 사소함, 하찮음

微かな期待を胸に待ち合わせ場所に向かった。

11 頑固 완고함

類 **強情** 고집이 셈, 완강함

父は家族一の頑固者だ。

12 肝心 중요함, 소중함

類 **肝要** 매우 중요함, 긴요함

仕事でミスしないようにするには最後にもう一度チェックすることが肝心です。

13 強烈 강렬함

肉が腐ると強烈な臭いを発する。

14 きらびやか 눈부시게 화려함, 현란함

パーティーにはみんなきらびやかな装いで来ていた。

15 顕著 현저함

ダイエットの成果が顕著に現れてきている。

16 滑稽 해학, 골계, 익살, 우스꽝스러움

平坦な道でひどく転んだ彼の姿は滑稽だった。

17 私的 사적 類 プライベート 개인적, 사적

この場所は私の私的空間だ。

18 健やか 튼튼함, 건강함, 건전함

親にとって、子供が健やかに育つことが何よりの幸せだろう。

19 速やか 빠름, 신속함

地震発生時は速やかに机の下などに隠れてください。

20 せっかち 성급함, 조급함

類 短気 성미가 급함 性急 성급

私の父は昔からせっかちだった。

21 手頃 손에 (쥐기에)알맞음, (자기능력·조건에)걸맞음

この店はブランド品が手頃な値段で買えるので人気だ。

22 堂々 당당함

息子の堂々としたスピーチに感激して泣いてしまった。

23 滑らか 매끈매끈함, 미끄러움, 거침없음, 순조로움

このタオルはとても滑らかな肌触りをしている。

24 漠然 막연함

宇宙人については漠然としたイメージしかない。

25 華やか 화려함, 눈부심

友達の結婚パーティーはとても華やかだった。

26 密か 몰래 하는 모양, 은밀함

彼に密かな恋心を抱いている。

27 ふんだん 충분함, 많음 類 豊富 풍부

このケーキにはいちごがふんだんに使われています。

28 惨め 비참함, 참담함

友達に2度も裏切られた弟はとても惨めに見えた。

29 猛烈 맹렬함

全国各地で猛烈な風が吹き荒れた。

30 緩やか 완만함, 느릿함, 느슨함

緩やかな坂道を登ると大きな公園がある。

問題1 ________の言葉の読み方として最もよいものを、１・２・３・４から一つ選びなさい。

1 私は今、猛烈に感動しています。

1 こうねつ　　　　2 もうれつ　　　　3 いつだつ　　　　4 かんばつ

2 ありがとう。君が通訳でいてくれたおかげで、会議を円滑に終えることができたよ。

1 えんかつ　　　　2 えんまん　　　　3 えんとつ　　　　4 えんがわ

3 君の話し方は婉曲すぎて分かりにくいよ、もっとはっきり言ってくれないか。

1 へんきょく　　　2 せんきょく　　　3 えんきょく　　　4 わんきょく

4 父が母の為に買ってきた香水は匂いが強烈すぎてすぐに捨ててしまった。

1 きょうじん　　　2 きょうだい　　　3 きょうれつ　　　4 きょうこう

5 今回の調査結果から、今までの製品の改善点を顕著に見ることができた。

1 せいかく　　　　2 けんちょ　　　　3 しょうさい　　　4 かくじつ

6 厳しい上り坂を越えると今度は緩やかな下り坂になった。

1 おだやか　　　　2 かろやか　　　　3 まろやか　　　　4 ゆるやか

7 本人は一生懸命なんだろうが、周りから見ていると滑稽でならなかった。

1 こっけい　　　　2 こっせつ　　　　3 こっかく　　　　4 こっかい

8 君の頑固さはお父さんに似たんだね。

1 きょうこ　　　　2 かんこ　　　　　3 ぎょうこ　　　　4 がんこ

1 ほんの少し血が出ただけだろ、全く君は（　　　　）なんだから。

1 おおかた　　　　2 おおぶり　　　　3 おおめに　　　　4 おおげさ

2 どんなことを言われても（　　　）としていなさい。

1 正堂　　　　2 参堂　　　　3 堂々　　　　4 尊堂

3 この石鹸で洗顔すると肌が段々と（　　　）になってきます。

1 健やか　　　　2 滑らか　　　　3 穏やか　　　　4 軽やか

4 まだ（　　　）としか考えられておりませんが、明日までには具体的に
まとめてきます。

1 当然　　　　2 必然　　　　3 猛然　　　　4 漠然

5 バスに乗り遅れ、財布を落したあげく突然雨に降られて、今日の私は
（　　　）だ。

1 みじめ　　　　2 けじめ　　　　3 いじめ　　　　4 あらかじめ

6 もしかしたら彼が来ているかもしれない。そんな（　　　）な期待を胸に
ドアを開けた。

1 微妙　　　　2 微笑　　　　3 微か　　　　4 微力

7 裏の頑張りがあってはじめて、（　　　）舞台が開幕するのだ。

1 無骨な　　　　2 傲慢な　　　　3 華やかな　　　　4 寛大な

8 いいよ。そこまで細かくしなくても、（　　　）に出来たら一度見せて
くれるかな？

1 おおまか　　　　2 げんみつ　　　　3 しょうさい　　　　4 かんよう

問題3 ＿＿＿＿＿の言葉に意味が最も近いものを、1・2・3・4から一つ選びなさい。

1 この料理には季節の野菜を<u>ふんだんに</u>使ってあります。

  1 沢山   2 大勢に   3 新鮮に   4 雰囲気に

2 まだ記憶が<u>あいまい</u>で、あなたのことまでは思い出せないんです。

  1 あさはか   2 ありがち   3 あだうち   4 あやふや

3 探したけど、<u>ちょうど良さそうなの</u>はこの箱ぐらいだったわ。

  1 手間   2 手頃   3 手柄   4 手負

4 私は<u>せっかち</u>なので、落ち着きなさいとよく注意される。

  1 単独   2 完璧   3 短気   4 感嘆

5 避難する時は落ち着いて<u>すみやかに</u>行動しましょう。

  1 安全に   2 健全に   3 速く   4 円満に

6 彼は大勢の挑戦者の中で最も<u>鮮やかな</u>技術を見せた。

  1 余裕がある   2 優れている
  3 油断している   4 慣れている

7 先生は3時間も話して<u>肝心</u>なことは何一つ言わず帰ってしまった。

  1 重体   2 内容   3 大体   4 重要

8 引き受けた以上<u>いいかげん</u>なことはできないと、彼は最後まで一生懸命だった。

  1 適当   2 適応   3 最適   4 快適

1　密か

1　ちょっと、授業中ですよ。密かにしなさい。

2　調査結果では４番に意見が密かしてますね。

3　ドアを密かにすると息苦しいから開けといて。

4　彼の知らないところで密かに計画は進行していた。

2　健やか

1　この子には健やかに真っ直ぐ育ってほしいわね。

2　私、健やかにだけは自信があるんだ。

3　姉はとても健やかなドレスを着ていた。

4　こんな簡単な間違いをするなんて私はなんて健やかなんだ。

3　私的

1　私的なことですが、来月結婚することになりました。

2　これは私の判断ではなく国からの私的な判断です。

3　後輩に間違いを私的され恥ずかしい思いをした。

4　昨日買った服なんだけど、どう？　私的でしょう。

Chapter4 동사

01 欺（あざむ）く　속이다, 기만하다
〔類〕騙（だま）す　속이다
巧（たく）みな方法（ほうほう）で敵（てき）を欺（あざむ）いた。

02 焦（あせ）る　초조해하다, 안달하다

03 甘（あま）える　응석부리다
〔類〕甘（あま）ったれる　몹시 어리광을 부리다
いつまでも親（おや）に甘（あま）えるんじゃありません。

04 操（あやつ）る　다루다, 조종하다, 구사하다
〔類〕操作（そうさ）する　조작하다
　　　使（つか）いこなす　구사하다
彼女（かのじょ）は様々（さまざま）な国（くに）の言葉（ことば）を操（あやつ）ることができる。

05 歩（あゆ）む　걷다, (비유적으로)거쳐 오다
〔類〕歩（ある）く　걷다
　　　進行（しんこう）する　진행하다, 나아가다
これからは二人（ふたり）で人生（じんせい）を歩（あゆ）んでいきたいと思（おも）います。

06 案（あん）じる　생각해내다, 걱정하다

07 生（い）かす　살리다, 소생시키다, 활용하다
〔類〕活用（かつよう）する　활용하다

花（はな）を長（なが）く生（い）かす方法（ほうほう）はないだろうか。
この絵（え）はその土地（とち）の風景（ふうけい）を生（い）かした作品（さくひん）となっている。

08 意気込（いきご）む　힘을 내다, 분발하다
〔類〕張（は）り切（き）る　힘이 넘치다, 의욕이 충만하다
彼（かれ）は意気込（いきご）んで試合会場（しあいかいじょう）に出発（しゅっぱつ）した。

09 生（い）ける　살리다, (꽃 따위를)꽂다

10 傷（いた）める　흠을 내다, 상하게 하다
ソファーを動（うご）かして床（ゆか）を傷（いた）めてしまった。
冷蔵庫（れいぞうこ）に入（い）れるのを忘（わす）れて肉（にく）を傷（いた）めてしまった。

11 炒（いた）める　(음식을)기름에 볶다

12 挑（いど）む　(싸움 따위를)걸다, 도전하다
〔類〕挑戦（ちょうせん）する　도전하다
彼（かれ）は常（つね）に何（なに）かに挑（いど）もうとしている。

13 うつむく　(고개를)숙이다

14 産（う）む　낳다, 출산하다, 만들어내다

15 潤（うるお）う　축축해지다, 넉넉해지다
〔類〕湿（しめ）る　축축해지다, 습기 차다
パックをすると肌（はだ）が潤（うるお）う。

16 侵（おか）す　침범하다, 침해하다
〔類〕侵入（しんにゅう）する　침입하다　侵害（しんがい）する　침해하다
誰（だれ）も他人（たにん）の自由（じゆう）を侵（おか）すことはできない。

17 怠る 게을리하다, 소홀히 하다
類 油断する 방심하다
最近家事を怠っていたので夫に叱
られた。

18 おごる 사치하다, 한턱내다

19 襲う 습격하다, 덮치다, (남의 집을)느닷없이 방문
하다, (지위·가계 등을)계승하다
類 襲撃する 습격하다
帰宅中に知らない人に襲われた。

20 衰える 쇠약해지다
類 衰弱する 쇠약하다
年をとるごとに体力は衰えてくる。

21 脅かす 위협하다, 협박하다

22 織る (직물을)짜다, 엮어내다

23 顧みる 뒤돌아보다, 반성하다
危険を顧みず川で溺れている人を
助けた。

24 賭ける 내기하다, 걸다
私は恋に命は賭けられない。

25 駆ける (사람·동물이)달리다, 뛰다
類 走る 달리다
馬が草原を駆け回っている。

26 かさばる (부피가)커지다, 늘다
このタンスにはかさばる衣類も楽に
収納できます。

27 かさむ (부피가)커지다, (양이)많아지다
今月は外食をたくさんしたので食費
がかさんだ。

28 課す 부과하다, 매기다

29 擦る 스치고 지나가다, 일부를 가로채다
類 かすめる 훔치다, 스치다
銃の弾が頬を擦った。

30 叶う (조건 등에)꼭 맞다, 이루어지다, 대항할 수
있다
類 実現する 실현하다
夢は必ず叶うと信じている。

31 庇う 감싸다, 두둔하다

32 涸れる (물기가)마르다,
(느낌이나 생각 등이)말라버리다

33 築く 쌓다, 구축하다

34 鍛える 단련하다, 훈련하다

35 口吟む 읊조리다, 흥얼거리다

36 試みる 시도해 보다
類 試す 시험해 보다
実験が成功するまで何度も試みた。

37 拒む 거절하다, 거부하다　類 断る 거절하다
息子は痛いことを理由に治療を拒ん
でいる。

38 籠る 틀어박히다, (기체 등이)들어차다
　㉗ 引きこもる 틀어박히다
　　 閉じこもる 칩거하다
　　 充満する 충만하다
　娘は昨日から部屋に籠っている。
　熱気が会場中に籠っていた。

39 茶化す 농담으로 돌리다, 얼버무려 넘기다

40 培う 북돋우다, 배양하다

41 馬鹿げる 시시하게 여겨지다

42 冷や冷やする 조마조마하다
　いつ親にばれるのかと冷や冷やした。

43 封じる 봉하다, 봉쇄하다

44 魅了する 매료하다, 마음을 사로잡다
　彼女のダンスにとても魅了された。

問題1 ＿＿＿＿＿の言葉の読み方として最もよいものを、１・２・３・４から一つ選びなさい。

1 失敗した私を先輩が<u>庇って</u>くれた。
1 かまって 　　2 おくって 　　3 さぐって 　　4 かばって

2 彼の長所は決して過去を<u>顧み</u>ないことだ。
1 おがみ 　　2 かえりみ 　　3 こころみ 　　4 たくらみ

3 最近雨が降らなかったせいなのか、家の井戸の水が<u>涸れ</u>てしまった。
1 おれ 　　2 これ 　　3 みだれ 　　4 かれ

4 彼は次の試合に向けて体を<u>鍛え</u>ている。
1 こたえ 　　2 むかえ 　　3 きたえ 　　4 ささえ

5 今僕を<u>脅かし</u>ているのは、来週のテストだ。
1 ひけらかし 　　2 おびやかし 　　3 みすかし 　　4 あまやかし

6 やるべきことは<u>怠る</u>なといつも言っているだろうが。
1 おこたる 　　2 おこる 　　3 ほめる 　　4 ほこる

7 彼女の踊りは皆を<u>魅了</u>する。
1 かんりょうする 　　2 むりょうする
3 ちりょうする 　　4 みりょうする

8 歩いていたら飛んできたボールが頭を<u>擦った</u>。
1 ぶつかった 　　2 けずった 　　3 かすった 　　4 あたった

問題2 （　　　）に入れるのに最もよいものを、1・2・3・4から一つ選びなさい。

1 お土産にどうぞ、（　　　）かもしれませんが、お持ち帰り下さい。

1 こわばる　　　　2 よくばる　　　3 くばる　　　　4 かさばる

2 飼い犬が死んで娘はひどく心を（　　　）。

1 傷めた　　　　　2 絡めた　　　　3 固めた　　　　4 引かれた

3 最近休みの日は家に（　　　）ばかりなので、今日は外に出ることにした。

1 奢って　　　　　2 籠って　　　　3 廻って　　　　4 送って

4 帰ったら玄関に花が綺麗に（　　　）あった。

1 のけて　　　　　2 こけて　　　　3 あけて　　　　4 いけて

5 朝から（　　　）るけど、体の調子でも悪いの？

1 まごついて　　　2 かみついて　　3 うつむいて　　4 うわついて

6 一日寝る前に3回将来の夢を唱えると、必ず夢は（　　　）と先生が教えてくれた。

1 視る　　　　　　2 誓う　　　　　3 観る　　　　　4 叶う

7 切った野菜と卵、そしてご飯を一緒にフライパンで（　　　）て下さい。

1 納め　　　　　　2 悼め　　　　　3 炒め　　　　　4 定め

8 先生が承諾したのですから、私が（　　　）理由などございません。

1 拒む　　　　　　2 絡む　　　　　3 噛む　　　　　4 緩む

　　　　　　の言葉に意味が最も近いものを、1・2・3・4から一つ選び
なさい。

1 賭けに負けて皆に<u>ごちそうする</u>ことになった。

1 おこる　　　　　　2 おごる　　　　　　3 とおる　　　　　　4 こおる

2 父が上手く話してくれますから、<u>案じる</u>ことはありません。

1 心配する　　　　　2 遠慮する　　　　　3 混乱する　　　　　4 提案する

3 この計画が実現すれば、人々の生活は今よりももっと<u>豊かになる</u>はずだ。

1 枯れる　　　　　　2 通る　　　　　　　3 膨らむ　　　　　　4 潤う

4 シロは僕を見つけると勢い良く<u>走って</u>くる。

1 独走して　　　　　2 急行して　　　　　3 飛んで　　　　　　4 駆けて

5 前回の試合で右足を<u>負傷した</u>。

1 傷めた　　　　　　2 損なった　　　　　3 駄目になった　　　4 傷心した

6 何があっても真っ直ぐ<u>歩む</u>と決めた。

1 過ぎる　　　　　　2 進む　　　　　　　3 さまよう　　　　　4 渉る

7 何だか彼を<u>騙して</u>いるみたいで嫌な気持ちだ。

1 妥協する　　　　　2 貫く　　　　　　　3 腐敗する　　　　　4 欺く

8 彼とは喧嘩もしたが、今まで良い友情を<u>培う</u>ことができた。

1 忘れる　　　　　　2 緩和する　　　　　3 育てる　　　　　　4 没頭する

問題4 次の言葉の使い方として最もよいものを、1・2・3・4から一つ選び
なさい。

1 口吟む

1 彼女は機嫌良さそうに好きな歌を口吟んでいた。

2 明日になれば嫌なことも口吟んでしまうだろう。

3 合唱コンクールで思いっきり口吟んだ。

4 あまりに硬いパンだったので、なかなか口吟めなかった。

2 茶化す

1 寒かったでしょう。今熱いお茶を茶化します。

2 真剣に話してるんだから、話を茶化さないで。

3 すぐ行きますので先に茶化して下さい。

4 あの絵、上と下が茶化さまじゃないの？

3 かさむ

1 宿泊費に交通費に色々費用がかさむわね。

2 お祖母ちゃんは毎朝、空に向ってかさんでいる。

3 そろそろ息子が学校からかさむ頃だ。

4 だんだん天気がかさんできた。

01 偏る 기울다, 치우치다

02 逆上する 이성을 잃다, 발끈하다
兄が借金をしていたことが分かり、父が逆上した。

03 請う 청하다, 바라다

04 心掛ける 마음을 쓰다, 유의하다

05 こだわる 구애되다, 중도에 정체되다

06 ごまかす 속이다, 얼버무리다

07 擦る 쓰다듬다, 가볍게 문지르다

08 悟る 깨닫다, 이해하다
　㉞ 理解する 이해하다
　　 察知する 알아채다
夫の表情から彼に良くない事があったことを悟った。

09 裁く 재판하다, 심판하다
　㉞ 裁判する 재판하다
罪は裁かれなければならない。

10 サボる 게으름피우다, (수업 등을)빼먹다
　㉞ 怠ける 게으름피우다
学校を２日連続でサボった。

11 さらう 날치기하다, 유괴하다

12 障る 지장을 초래하다, 방해가 되다
そんなにお酒を飲んだら体に障りますよ。

13 示唆する 시사하다
犯行を示唆する紙が送られてきた。

14 慕う 그리워하다

15 親しむ 친하게 지내다, 즐기다
このキャラクターは子供たちに親しまれている。

16 しつける 예의범절을 가르치다

17 萎びる 시들다, 쭈그러지다
　㉞ 萎れる 시들다, 풀이 죽다
しばらく水をあげるのを忘れてしまい、花が萎びてしまった。

18 凌ぐ 견디어내다, 능가하다
今の彼の人気はトップアイドルを凌ぐほどである。

19 染みる 번지다, 스며들다, 아픔을 느끼다, 사무치다
冷たい物を食べるといつも歯に染みる。

20 記す 기록하다

21 受信する 수신하다

22 すくう (물 등을)뜨다, 떠내다

23 擦る (す) 문지르다, 비비다, 다 써버리다

ギャンブルでお金を全て擦ってしまった。

24 擦れる (す) 마주 스치다, 맞닿다, 세상살이에 닳아서 교활해지다

類 **擦れる** (こす) 스치다, 비벼지다

彼は社会の波にのまれて擦れてしまった。

25 送信する (そうしん) 송신하다

26 添える (そ) 첨부하다, 거들다, 더하다

27 染める (そ) 물들이다, 마음에 깊이 느끼다

昨日初めて髪を染めた。

28 耐える / 堪える (た / た) 참다, 견디다

類 **辛抱する** (しんぼう) 참다

持ち堪える (も / こた) 버티다

真冬なのに暖房が壊れてしまい、寒さに耐えて過ごさなければならなくなった。

29 携わる (たずさ) (어떤 일에)관계하다, 종사하다

類 **従事する** (じゅうじ) 종사하다

彼は1年前から商品開発に携わってきた。

30 漂う (ただよ) 떠다니다, 떠돌다, (분위기 · 향기가)감돌다

31 縮まる (ちぢ) 오그라들다, 줄어들다

32 継ぐ (つ) 잇다, 계승하다, 상속하다

33 突く / 突っ突く (つ) 가볍게 쿡쿡 찌르다

34 謹む (つつし) 조심하다, 삼가다

謹んでお受け致します。

35 呟く (つぶや) 중얼거리다, 투덜거리다

36 つぶる (눈을)감다, 눈감아주다

考え事をするときはいつも目をつぶる。

部下の初めての失敗だったので目をつぶった。

37 摘む (つま) (손가락으로)집다, 잡다, 요약하다

類 **挟む** (はさ) 끼우다, (사이에 넣어)집다

いきなり弟にほっぺを摘まれた。

ポイントだけを摘んで話してください。

38 摘む (つ) (손끝으로)따다, 뜯다

39 貫く (つらぬ) 꿰뚫다, 관철하다, 일관하다

彼は意志を最後まで貫いた。

40 研ぐ (と) (날붙이 등을)갈다, (곡식을)씻다

包丁の切れが悪かったので研いだ。

母に頼まれて米を研いだ。

41 とぼける 얼빠지다, 시치미를 떼다, 익살부리다

類 **しらばくれる** 알고도 모르는 체하다, 시치미 떼다

とぼけるのもいいかげんにしてください。

42 嘆<ruby>嘆<rt>なげ</rt></ruby>く　한탄하다, 슬퍼하다

類 <ruby>悲<rt>かな</rt></ruby>しむ　슬퍼하다

<ruby>概<rt>がい</rt></ruby>する　개탄하다

お<ruby>金<rt>かね</rt></ruby>がないと<ruby>嘆<rt>なげ</rt></ruby>く<ruby>前<rt>まえ</rt></ruby>に<ruby>働<rt>はたら</rt></ruby>きなさい。

43 <ruby>懐<rt>なつ</rt></ruby>く　친숙해져서 따르다, 친해지다

44 <ruby>嘗<rt>な</rt></ruby>める　핥다, 맛보다, 깔보다

45 <ruby>瞬<rt>またた</rt></ruby>く　깜빡이다, 반짝이다

<ruby>空<rt>そら</rt></ruby>に<ruby>星<rt>ほし</rt></ruby>が<ruby>瞬<rt>またた</rt></ruby>いていた。

46 <ruby>全<rt>まっと</rt></ruby>うする　완수하다, 다하다

<ruby>彼女<rt>かのじょ</rt></ruby>は<ruby>短<rt>みじか</rt></ruby>い<ruby>命<rt>いのち</rt></ruby>を<ruby>全<rt>まっと</rt></ruby>うした。

47 <ruby>隔<rt>へだ</rt></ruby>たる　사이가 떨어지다, 사이에 두다

<ruby>私<rt>わたし</rt></ruby>と<ruby>姉<rt>あね</rt></ruby>の<ruby>部屋<rt>へや</rt></ruby>はドアを<ruby>境<rt>さかい</rt></ruby>に<ruby>隔<rt>へだ</rt></ruby>たっ
ている。

問題1 ＿＿＿＿＿の言葉の読み方として最もよいものを、１・２・３・４から一つ選びなさい。

1 同じ所が何度も<u>擦れる</u>せいか、その部分だけ生地が薄くなっている。

1 さつれる　　　2 みだれる　　　3 きれる　　　4 すれる

2 社長に向って何だその言い方は、口を<u>謹み</u>なさい。

1 つつしみ　　　2 おしみ　　　3 いとなみ　　　4 ひとなみ

3 悪いんだけど、少し背中を<u>擦って</u>もらってもいいかな？

1 ゆずって　　　2 すすって　　　3 さすって　　　4 なすって

4 うちの子は何でも<u>嘗める</u>ので少し困っている。

1 もめる　　　2 のめる　　　3 なめる　　　4 ほめる

5 一人暮らしだからって、<u>偏った</u>食事は体に良くないよ。

1 みかよった　　　2 いいよった　　　3 ちかよった　　　4 かたよった

6 彼が寝ながら何か<u>呟いて</u>いるが、声が小さすぎて分からない。

1 まごついて　　　2 つぶやいて　　　3 ひらめいて　　　4 もがいて

7 お祖母ちゃんの<u>萎びた</u>手はとても暖かかった。

1 しなびた　　　2 おびた　　　3 のびた　　　4 ふるびた

8 私は祖父の代から続いているこの店を<u>継ぐ</u>決心をした。

1 そそぐ　　　2 つなぐ　　　3 つぐ　　　4 かぐ

問題2 （　　　　）に入れるのに最もよいものを、1・2・3・4から一つ選び
なさい。

1 子供の頃から様々な動物と（　　　　）ことはとても良いことだ。

1 愛しむ　　　　　2 親しむ　　　　　3 悲しむ　　　　　4 苦しむ

2 今まで書類作りばかりだったが、ついに私も実験に（　　　　）ことと
なった。

1 外れる　　　　　2 借りられる　　　3 携わる　　　　　4 見切れる

3 秋の空を夕日が赤く（　　　　）。

1 褒める　　　　　2 宥める　　　　　3 舐める　　　　　4 染める

4 裁判員制度が始まったが、人を（　　　　）ことに抵抗を感じる一般市民は
多い。

1 裁く　　　　　　2 苦しめる　　　　3 反対する　　　　4 許す

5 美味しそうだね、少しだけ（　　　　）もいいかな。

1 揉んで　　　　　2 噛んで　　　　　3 摘んで　　　　　4 絡んで

6 娘はスプーンでスープを（　　　　）と私にそれを差し出した。

1 すねる　　　　　2 しずむ　　　　　3 しかる　　　　　4 すくう

7 犬を飼うのは良いが（　　　　）のが大変じゃないか？

1 ほどける　　　　2 しつける　　　　3 みかける　　　　4 かまける

8 ニュースで報道されるストーカー事件には、（　　　　）して嫌がらせに発展
して事件になるケースが多い。

1 披露　　　　　　2 前置き　　　　　3 逆上　　　　　　4 相談

問題3 ＿＿＿＿＿の言葉に意味が最も近いものを、１・２・３・４から一つ選び
なさい。

1 授業をサボっているところを先生に見つかって怒られた。

1 暴れて　　　　　2 傍観して　　　　　3 怠けて　　　　　4 寝て

2 手紙の最後には感謝の気持ちを付け加えてあった。

1 添えて　　　　　2 越えて　　　　　3 代えて　　　　　4 供えて

3 辛かっただろうに、よく最後まで我慢したね。

1 悶えた　　　　　2 耐えた　　　　　3 絶えた　　　　　4 冴えた

4 セーターを家で洗ったら小さくなってしまった。

1 収まって　　　　2 定まって　　　　3 高まって　　　　4 縮まって

5 突然茶碗が割れた。これから何か起こると暗示しているかのようだった。

1 指示して　　　　2 暗記して　　　　3 顕示して　　　　4 示唆して

6 いいと言うまで目を閉じてて。

1 つぶして　　　　2 つぶって　　　　3 つついて　　　　4 つたって

7 何もせずいつまでも悲しんでいても仕方がない。

1 唸って　　　　　2 呪って　　　　　3 嘆いて　　　　　4 足掻いて

8 切れなくなった包丁を磨いてもらったら、驚くほど切れるようになった。

1 漕いで　　　　　2 接いで　　　　　3 研いで　　　　　4 削いで

☐1 漂う

1 さっきは何ともなかったが、今になって痛みが<u>漂って</u>きた。
2 あれ？ 先に<u>漂って</u>たんじゃないの？
3 引っ越しした友達から手紙が<u>漂って</u>嬉しかった。
4 部屋に入ると何やら妙な空気が<u>漂って</u>いた。

☐2 瞬く

1 鳥たちが一斉に<u>瞬き</u>始めた。
2 夜空に<u>瞬く</u>沢山の星を見て、とても感動した。
3 あまりに退屈で<u>瞬き</u>が出る。
4 私には夢に向っていく彼を<u>瞬く</u>ことはできなかった。

☐3 慕う

1 明日はお祖父ちゃんの家に<u>慕い</u>に行く。
2 彼は先生をとても<u>慕って</u>いる。
3 旅行の準備だけで、すでに<u>慕って</u>しまった。
4 僕は妹が<u>慕い</u>にくてたまらない。

01 青ざめる 창백해지다, 파르스름해지다

02 くつろぐ 심신을 편안하게 하다

03 躱す 몸을 돌려 비키다(피하다)

04 軽視する 경시하다

05 こなす 빠르다, 소화시키다, 처리하다
彼はどんな仕事も簡単にこなした。

06 せがむ 조르다
息子は私に小遣いをせがんできた。

07 戸惑う 당황하다, 망설이다
類 まごつく 어찌할 바를 몰라 허둥거리다
彼からの突然の別れ話に戸惑った。

08 とぼける 시치미를 떼다, 딴청부리다

09 憎む 미워하다, 증오하다
派 憎しみ 미움, 증오

10 鈍る 둔해지다, 무디어지다
寒さのせいで体の動きが鈍る。

11 盗む 훔치다, 짬을 내다　派 盗み 도둑질
泥棒に金品を盗まれた。
彼は仕事の合間を盗んではパチン
コをしに行っている。

12 粘る 차지게 달라붙다, 끈질기게 버티다
派 粘り 찰기, 끈기

彼の長所は何事にも最後まで粘る
ことです。

13 捗る 진척되다, 일이 잘 되어가다

14 諮る 자문하다, 상의하다
類 相談する 상담하다
このことは特別審議会に諮って決
めましょう。

15 励ます 격려하다
類 力付ける 격려하다, 힘을 북돋워주다
自信のない友達をみんなで励まし
た。

16 励む 힘쓰다

17 恥じる (자기의 약점이나 잘못을)부끄러워하다

18 ばてる 지치다, 녹초가 되다

19 はまる (구멍 등에)꼭 끼이다,
(조건 등에)들어맞다, 빠져들다, 속다
一つの型にはまるような人生は送
りたくない。
彼女の作戦にまんまとはまってし
まった。

20 腫れる 붓다

21 控える 대기하다, (시간·공간적으로)바로 가까이에
있다, 제한하다, 자제하다, (잊지 않도록)적
어 놓다
類 慎む 삼가다　書き留める 적어두다
決勝戦が一週間後に控えている。
最近お酒を控えている。

22 **歪む** 비뚤어지다, 뒤틀리다
類 **歪む** 비뚤어지다, 일그러지다
両足のバランスが悪いと腰が歪んでくる。

23 **膨れる** 부풀다, 불룩해지다, 뾰로통해지다
たくさん食べて腹が膨れた。
彼女は思い通りにならないとすぐに膨れる。

24 **踏まえる** 힘주어 밟다, 밟아 누르다, 판단의 근거로 삼다
これは私の経験を踏まえた話です。

25 **惚る** 지각이 둔해지다, (영상·색조·윤곽이)흐릿해지다
最近年をとったせいか惚てきた。
写真の色が惚てしまっている。

26 **誇る** 자랑하다, 뽐내다, 자만하다

27 **ほころぶ** (솔기 등이)풀리다, (꽃봉오리 등이)조금 벌어지다

28 **施す** 베풀다, (수단·방법을)쓰다, (장식·가공 등을) 가하다, 덧붙이다
この舞台には色々な細工が施されている。

29 **惚れる** 반하다, 마음이 끌리다
彼女に一目で惚れてしまった。

30 **滅びる** 망하다, 멸망하다

31 **見せびらかす** 자랑스럽게 남에게 보이다
類 **誇示する** 과시하다

新しく買った服を友達に見せびらかした。

32 **導く** 안내하다, 지도하다
彼は事件を解決に導いた。

33 **捲る** 젖히다, 넘기다, (덮은 것을)벗기다, 떼다

34 **持てる** 인기가 있다

35 **漏れる** 새다, 누설되다, 누락되다, 탈락하다
類 **漏洩する** 누설하다, 새다
お風呂のお湯が漏れていた。

36 **養う** 양육하다, 부양하다, 배양하다
私は妻と子供を養っている。
英語の実力を養うために留学することにした。

37 **休める** 쉬게 하다

38 **緩む** 느슨해지다, 해이해지다
靴の紐が緩んだ。

39 **緩める** 느슨하게 하다

40 **避ける** 피하다, 비키다
走る時はいつも狭い道を避けて走っている。

41 **蘇る** 소생하다, 되살아나다
無くしていた記憶が蘇った。

問題1 _______の言葉の読み方として最もよいものを、1・2・3・4から一つ選びなさい。

1 夏休みだからといって気を<u>緩める</u>ことなく正しい生活を送って下さい。

1 おさめる　　　2 からめる　　　3 あがめる　　　4 ゆるめる

2 殿、このままでは国が<u>滅びる</u>ことになりかねません。

1 こびる　　　2 ほろびる　　　3 のびる　　　4 あびる

3 久しぶりに運動をして動きが<u>鈍った</u>ことに気付いた。

1 すった　　　2 おくった　　　3 にぶった　　　4 とがった

4 小学生の頃、クラスの男子にスカートを<u>捲られた</u>ので殴ってやったことがある。

1 いじられた　　　2 なぐられた　　　3 なじられた　　　4 めくられた

5 仕事に<u>励む</u>ことで彼は辛い気持ちを忘れようとしていた。

1 はげむ　　　2 おがむ　　　3 からむ　　　4 はらむ

6 現代は多くの人がこの急速な変化に<u>戸惑って</u>いる時代とも言える。

1 にぎわって　　　2 とまどって　　　3 とわくって　　　4 こまって

7 古くなったのかこの水筒は水が<u>漏れて</u>くるので困る。

1 もれて　　　2 たれて　　　3 それて　　　4 みえて

8 人を<u>憎む</u>より愛する方が難しい。

1 うらむ　　　2 うらやむ　　　3 にくむ　　　4 ひがむ

1 冷蔵庫のケーキ、あなたが食べたんでしょう。（　　　）も駄目よ。

　1 とぼけて　　　　2 みがいて　　　　3 あらって　　　　4 こすって

2 犬なんて飼う余裕はありません。うちはあなた達を（　　　）だけで精一杯です。

　1 構う　　　　　2 思う　　　　　3 養う　　　　　4 奪う

3 　薬は朝昼晩の食後に飲んで下さい。あと今日はお風呂は（　　　）下さいね。

　1 控えて　　　　2 上がって　　　　3 忘れて　　　　4 困って

4 厳重な警備にも関わらず宝石は予告通り（　　　）だされた。

　1 囲み　　　　　2 拝み　　　　　3 頼み　　　　　4 盗み

5 お祖父ちゃんは都合が悪くなると（　　　）ふりをする。

　1 惚けた　　　　2 明けた　　　　3 駆けた　　　　4 割けた

6 車を運転していたら急に子供が飛び出してきて顔が（　　　）。

　1 赤らいだ　　　　2 青ざめた　　　　3 黄ばんだ　　　　4 黒ずんだ

7 部屋が静かなので勉強が（　　　）いるのかと思いきや息子は昼寝をしていた。

　1 改まって　　　　2 畏まって　　　　3 計らって　　　　4 捗って

8 来週は忙しくなるから、（　　　）うちに休んでおきなさい。

　1 宥める　　　　2 否める　　　　3 休める　　　　4 深める

問題3 ＿＿＿＿の言葉に意味が最も近いものを、１・２・３・４から一つ選びなさい。

1 この件に関しましては会議で相談することになりました。

　１ 諮る　　　　　２ 賭ける　　　　　３ 見送る　　　　　４ 下げる

2 水中から空を見上げると、景色が歪んで見える。

　１ かすんで　　　２ おがんで　　　　３ くるんで　　　　４ ゆがんで

3 薬を混ぜた水をあたえることで再び木は花を咲かせるようになった。

　１ 咬ます　　　　２ 施す　　　　　　３ 流す　　　　　　４ 沸かす

4 彼は簡単に攻撃をかわすと相手を反撃することなく立ち去った。

　１ 裂ける　　　　２ 掛ける　　　　　３ 飽ける　　　　　４ 避ける

5 彼女の意見も踏まえてもう一度話し合いをしましょう。

　１ 折れて　　　　２ 漏れて　　　　　３ 涸れて　　　　　４ 入れて

6 彼はこの学校が誇る人材であります。

　１ 自慢する　　　２ 持参する　　　　３ 賛美する　　　　４ 我慢する

7 いくらせがんでも母がゲーム機を買ってくれることは一度もなかった。

　１ ねぎって　　　２ ねこんで　　　　３ ねだって　　　　４ ねむって

8 男は私の目の前で燃えたはずの千円札を蘇らせて見せた。

　１ 再開させて　　２ 再会させて　　　３ 再生させて　　　４ 再演させて

 次の言葉の使い方として最もよいものを、1・2・3・4から一つ選び
なさい。

1 はまる

1 ちゃんと分量をはまって下さいね。

2 すっかりそのお菓子にはまったみたいだね。

3 スタートの合図と共に勢いよくはまった。

4 満点をとってはまるを貰った。

2 粘る

1 明日には体の調子も粘るでしょう。

2 昨日ぶつけた足が今日になって粘ってきた。

3 あなたにそんなこと粘られる筋合いはありません。

4 彼は皆が帰っても最後まで粘っていた。

3 くつろぐ

1 母さん、悪いがこの裂けたところをくつろいでくれないか？

2 この汚れ、何回くつろいでも取れないのよ。

3 他人の家でくつろぎすぎだろう。

4 孫のあまりの可愛さに顔がくつろいだ。

01 歩み寄る　걸어서 다가가다, 서로 양보해 의견을 접근시키다
（類）折れ合う　서로 양보하다
ここはどちらかが歩み寄るべきです。

02 居合わせる　마침(공교롭게) 거기에 있다
たまたま殺人事件の現場に居合わせた。

03 押し寄せる　몰려오다, 밀려오다
突然津波が押し寄せてきた。

04 落ち込む　(강물・나쁜 상태에)빠지다, 움푹 들어가다, 침울해지다
（類）凹む　움푹 패다
塞ぎ込む　울적해지다
へこむ　움푹 들어가다, 꺾이다
息子は彼女にふられてしばらく落ち込んでいた。

05 掻き回す　젓다, 휘젓다, 혼란을 야기하다
鍵が見つからず鞄の中を掻き回した。

06 着飾る　(옷을)차려 입다
（類）盛装する　성장하다, 옷을 화려하게 입다

私の母は他の人に比べて着飾る方だ。

07 聞きつける　우연히 들어서 알다
新商品が発売されると聞きつけて来たんですけど。

08 傷付く　상처 입다, 상하다, 흠나다
（類）ケガをする　다치다
損なわれる　상하다
彼の冷たい一言にとても傷付いた。

09 傷付ける　상처를 입히다, 손상시키다

10 気取る　젠체하다, 점잔 빼다

11 決め込む　그런 줄로 믿다
（類）思い込む　굳게 믿다
弟は私が一生結婚できないと決め込んでいた。

12 切り替える　바꾸다, 전환하다
最近私服から制服に切り替える高校が増えている。

13 蹴飛ばす　차 내다, 걷어차다, 일축하다
足下にあった缶を蹴飛ばした。

14 仕掛ける　상대편에게 적극적으로 ~하다, 하기 시작하다, 장치하다
弟にけんかを仕掛けた。
話を仕掛けたときに電話が鳴った。

15 忍び込む　숨어들다, 몰래 들어가다
泥棒が家に忍び込んだ。

16 好き好む　특별히 좋아하다
好き好んでここにいるわけではない。

17 備え付ける　설치하다, 비치하다
非常時は席の下に備え付けられて
いる酸素マスクと救命胴衣を着用し
てください。

18 立ち去る　떠나가다, 물러나다
（類）立ち退く　떠나다, 물러나다
場の雰囲気が悪くなったので立ち
去った。

19 立ち寄る　다가서다, 들르다
友達の家に行く途中にケーキ屋に
立ち寄ってケーキを買った。

20 突き進む　힘차게 나아가다

21 手掛ける　손수 다루다, 직접 하다

22 途切れる　중도에서 끊어지다
（類）途絶える　두절되다, 왕래가 끊어지다

23 取り締まる　단속하다, 관리하다
（類）監督する　감독하다
　　　監視する　감시하다
警察官は犯罪を取り締まることが
仕事だ。

24 名付ける　이름 짓다, 명명하다

25 逃げ出す　도망치다, 달아나다
面接の前になるといつも逃げ出し
たい気持ちになる。

26 伸び悩む　주춤거리다, 향상·진전되지 않다
最近いいタイムが出ず伸び悩んで
いる。

27 のめり込む　(앞으로)넘어지며 들어가다,
　　　　　　　빠져들다
友達から紹介されたドラマにのめ
り込んでしまった。

28 乗り出す　타고 나아가다, 적극적으로 나서다
父は海に乗り出した。

29 引き締める　세게 죄다, 다잡다
明日の会議は気を引き締めて臨みま
しょう。

30 ひっくるめる　일괄하다, 총괄하다
（類）総括する　총괄하다
君の長所も短所もひっくるめて好
きになった。

31 踏み込む　발을 내딛다, 발을 들여 놓다,
　　　　　　(깊은 데까지)파고들어가다
これ以上事件に踏み込まないでく
ださい。

32 振り返る　뒤돌아보다, 회고하다
（類）振り向く　돌아보다
　　　思い出す　생각해내다
　　　顧みる　뒤돌아보다, 회상하다
後ろで言い争っている声が聞こえ
たので振り返った。

33 見出す 찾아내다, 발견하다
類 **発見する** 발견하다
世界で活躍できる人材を見出すことが私の仕事です。

34 見失う 보고 있던 것을 놓치다, 잃다
彼は人生を見失っているようだった。

35 見直す 다시 보다, 재점검하다, 재인식하다, 달리 보다
会議の資料を配る前にもう一度見直しておいてください。
今回のことで彼女を少し見直した。

36 見逃す 못 보고 넘기다, 간과하다, 눈감아주다, 볼 기회를 놓치다
類 **見落とす** 빠뜨리고 보다
大目に見る 눈감아주다, 관대하게 봐 주다
犯人を絶対に見逃すな。

37 見計らう 적당한 때를 가늠하다, 적당한 물건을 고르다
類 **見当をつける** 짐작하다
見繕う (물품 등을)알맞게 골라서 갖추다
ご飯が出来上がった頃を見計らって家に帰る。

38 見守る 지켜보다, 주시하다
オリンピックで今ある力を出しきるつもりなので見守っていてください。

39 見渡す 멀리 바라보다, 조망하다

40 向き合う 마주보다, 마주 대하다
類 **向かい合う** 마주보다
教師は生徒一人一人と向き合うべきだ。

41 盛り上がる 부풀어 오르다, 불거져 나오다, 높아지다, 고조되다
今日のライブはとても盛り上がった。

42 やり遂げる 끝까지 해내다, 완수하다
類 **やり抜く** 최후까지 하다
彼は大変な仕事を一人でやり遂げた。

43 読み上げる 소리내어 읽다, 다 읽다, 독파하다
この機械は印刷物を音声で読み上げます。

44 割り当てる 할당하다, 분배하다
類 **割り振る** 배당하다
配分する 배분하다
私は資料整理の仕事を割り当てられた。

45 割り込む 새치기하다, 끼어들다, 말참견하다
急に人の話に割り込まないでください。

 ______ の言葉の読み方として最もよいものを、1・2・3・4から一つ選びなさい。

1 それでは「編み物」の項目を読み上げて下さい。
　1 よみあげて　　　2 どくあげて　　　3 あみあげて　　　4 もみあげて

2 石鹸などはお部屋ごとに備え付けてあります。
　1 そなえもうけて　　　　　2 ひかえつけて
　3 そなえつけて　　　　　　4 ひかえもうけて

3 卵がもう無いの。悪いんだけど、会社の帰りにスーパーに立ち寄ってくれる？
　1 かちとって　　　2 かちわって　　　3 もちよって　　　4 たちよって

4 お祖父さんとお祖母さんはその男の子にもも太郎と名付けました。
　1 なづけました　　　　　　2 さずけました
　3 あずけました　　　　　　4 みつけました

5 皆、ちゃんと並んでるんです。途中から割り込むのは止めて下さい。
　1 いりこむ　　　2 めりこむ　　　3 どなりこむ　　　4 わりこむ

6 私の友達は結婚式に花嫁よりも着飾って来た。
　1 きどって　　　2 きがめいって　　　3 きかざって　　　4 きがまいって

7 明日はちゃんと宿題をしてきますので、今回は見逃して下さい。
　1 みのがして　　　2 みすかして　　　3 みかえして　　　4 みとおして

8 偶然事故現場に医者が居合わせていた為、彼女の命は助かりました。
　1 おちあわせて　　　　　　2 たちあわせて
　3 いあわせて　　　　　　　4 かみあわせて

問題2 （　　　　）に入れるのに最もよいものを、１・２・３・４から一つ選び
なさい。

1 まさか彼女が問題を最後まで（　　　　）とは誰も思っていなかった。

　１ みいだした　　　　２ やりとげる　　　　３ だしぬく　　　　４ おもむく

2 ボールを車にぶつけるのはやめなさい、そんな事したら車が（　　　）じゃ
ないか。

　１ 根付く　　　　　　２ 感付く　　　　　　３ 取付く　　　　　　４ 傷付く

3 今（　　　　）あの時は子供だったなと反省する。

　１ 振り返ると　　　　２ 振り向くと　　　　３ 振り回すと　　　　４ 振り切ると

4 私たちの作品が舞台になり、有名な舞台監督が演出を（　　　）ことになっ
た。

　１ 目配る　　　　　　２ 手招く　　　　　　３ 手掛ける　　　　　４ 目利く

5 私が帰郷したのをどこから（　　　）のか、友達が突然遊びに来た。

　１ 引きつけた　　　　２ 聞きつけた　　　　３ 抱きついた　　　　４ 相次いだ

6 山頂から（　　　）と、そこには信じられないほどの綺麗な町の景色が広が
っていた。

　１ 見極める　　　　　２ 見返す　　　　　　３ 見渡す　　　　　　４ 見上げる

7 これから自分の未来に向って堂々と（　　　）くれたまえ。

　１ 突き抜けて　　　　２ 突き出して　　　　３ 突き刺して　　　　４ 突き進んで

8 子供を助けると彼は名前も告げず（　　　）行った。

　１ 名乗って　　　　　２ 見違えって　　　　３ 立ち去って　　　　４ 振り返って

問題3 ________の言葉に意味が最も近いものを、1・2・3・4から一つ選び
なさい。

1 そこの床、少し<u>落ち込んでいる</u>ところがあるから気をつけてね。

　　1 凹んでいる　　　　　　　　　　　　2 出ている
　　3 成りきっている　　　　　　　　　　4 落ち着いている

2 今回の事で私たちは<u>歩み寄る</u>ことができた。

　　1 遠のく　　　　　2 近づく　　　　　3 出発する　　　　4 進展する

3 前から沢山の人が<u>押し寄せて</u>きた。

　　1 買ってきた　　　　2 走ってきた　　　3 帰ってきた　　　4 迎えにきた

4 犬の太郎は今までに10回<u>逃げ出して</u>いるが、毎回隣の家で発見されている。

　　1 逃走して　　　　2 回避して　　　　3 迷走して　　　　4 逮捕して

5 済んだことは仕方がない、皆気を<u>取り直して</u>始めから頑張ろう。

　　1 折り返して　　　2 たたみ直して　　　3 振り乱して　　　4 切り替えて

6 君は話を<u>掻き回す</u>天才だね。

　　1 直す　　　　　　2 当てる　　　　　3 乱す　　　　　　4 捨てる

7 両親が眠っているのを<u>見計らって</u>天体観測に出かけた。

　　1 予定して　　　　2 予約して　　　　3 予感して　　　　4 予測して

8 工事が終ってから道路が少し<u>盛り上がった</u>気がする。

　　1 高くなった　　　2 低くなった　　　3 広くなった　　　4 狭くなった

問題4 次の言葉の使い方として最もよいものを、1・2・3・4から一つ選び
なさい。

1 仕掛ける

1 申し訳ございません、夫はただ今仕掛けておりまして。

2 あらかじめ木の幹に、虫の好きな果物や蜜などを仕掛けておきます。

3 ずっと座っていたら腰が仕掛けてくるだろう。

4 君ののんびりさには仕掛けるどころか感心するよ。

2 決め込む

1 よし、次の休みは旅行に決め込みだな。

2 忙しいから、あなたと決め込む時間はないの。

3 僕は何でもいいから皆で決め込んでよ。

4 初めからできないと決め込むのは良くないよ。

3 見直す

1 全部でいくらぐらいになるか一度見直しを出して下さい。

2 車が壊れたので今見直してもらっている。

3 記入が終ったら間違いがないか見直してから提出してください。

4 欲に負けて危なく自分を見直すところだった。

01 敢えて 감히, 굳이, 무리하게
類 **無理にも** 무리하게도
ここは敢えて難しい問題に挑みます。

02 案の定 예상했던 대로, 과연
類 **果たして** 과연, 역시
手先が不器用な妹が編み物に挑戦していたのだが、案の定失敗していた。

03 いかにも 자못, 정말이지
家の前にいかにも怪しい男の人がいた。

04 至って 지극히, 매우
類 **極めて** 극히, 더없이
私は至って元気です。

05 一挙に 일거에, 단번에
類 **一息に** 단숨에 **一遍に** 한 번에
残り少なくなったので一挙に仕上げましょう。

06 うんざり 지긋지긋하게, 지겹게
類 **げんなり** 싫증나게, 물리게
4日連続夕飯がおでんで少しうんざりした。

07 おっとり 대범하게, 의젓하게
君は本当におっとりした性格だね。

08 おどおど (공포・긴장 등으로) 주저주저, 흠칫흠칫, 쭈뼛쭈뼛
慣れない場所ではいつもおどおどしてしまう。

09 おろおろ (놀람・걱정 등으로 당황하는 모양) 허둥지둥
どっちに行ったらいいのか分からずおろおろしてしまった。

10 仮(に) 가령, 만일
類 **もし** 만일
仮に他の動物になれるとしたら鳥になりたい。

11 代わる代わる 번갈아 가며, 교대로
類 **交代に** 교대로
父の看病を母と代わる代わる行った。

12 がっくり (갑자기 부러지거나 휘는 모양, 갑자기 기운을 잃는 모양) 푹, 풀썩
夫は今年こそは昇進できると思っていたのにできなかったと言ってがっくりしていた。

13 きっぱり 단호히, 딱 잘라
彼のことはきっぱり忘れることにした。

14 **ぐったり** 녹초가 됨, 축 늘어짐

娘は高熱のせいで<u>ぐったり</u>していた。

15 **ぐっと** (힘주어 단숨에 하는 모양) 확, 꿀꺽 (숨이 막히는 모양) 뭉클, 꽉

決勝戦で敗れてしまい悔しかったが、来年もあると涙を<u>ぐっと</u>こらえた。

16 **ことごとく** 모두, 전부, 모조리
類 **残らず** 남김없이 **全て** 전부

彼を信じる度に<u>ことごとく</u>裏切られた。

17 **さっと** (동작 등이 재빠른 모양) 휙, 잽싸게, 날렵하게

時間がないので<u>さっと</u>部屋を片付けた。

18 **じっくり** 차분히, 시간을 들여 꼼꼼히, 여유 있게, 곰곰이

カレーは<u>じっくり</u>煮込む方がおいしい。

19 **すぐさま** 즉시, 당장
類 **直ちに** 즉시, 곧

<u>すぐさま</u>現場に向かってください。

20 **すらすら** (순조롭게 진행되는 모양) 줄줄, 술술, 척척

このペンは字が<u>すらすら</u>書けるね。

21 **ずらっと** (잇달아 늘어선 모양) 죽
類 **ずらり** (잇달아 늘어선 모양) 죽

雑誌記者である兄の結婚式のゲストブックには有名人の名前が<u>ずらっと</u>連なっていた。

22 **ずるずる** (질질 끌거나 끌리는 모양, 오래 끄는 모양) 질질

プロポーズの返事を<u>ずるずる</u>延ばしてしまっている。

23 **ちらっと** 언뜻, 잠깐, 흘긋, 슬쩍
類 **ちらりと** 언뜻, 흘긋

授業中に外を<u>ちらっと</u>見た。

24 **てっきり** 틀림없이, 꼭
類 **きっと** 꼭, 반드시

<u>てっきり</u>彼の仕業だとばかり思っていた。

25 **どうやら** 그럭저럭, 겨우, 아무래도

<u>どうやら</u>私の思い違いだったようです。

26 **とっさに** 순간적으로, 즉시

石が飛んできたので<u>とっさに</u>避けた。

27 **とりあえず** 바로, 곧바로, 우선, 일단

<u>とりあえず</u>会議の時間を部長に伝えてきます。

28 尚更（なおさら） 더욱더, 더한층
類 一段と（いちだんと） 한층, 더욱
私（わたし）がカボチャを嫌（きら）いだと分（わ）かってい
ながらわざと食（た）べさせたので、尚更（なおさら）
腹（はら）が立（た）った。

29 何卒（なにとぞ） 아무쪼록, 부디
類 どうか 부디, 제발
何卒（なにとぞ）娘（むすめ）をよろしくお願（ねが）いします。

30 はらはら （나뭇잎·눈물 등이 조용히 떨어지는 모양） 우수수, 뚝뚝, （몹시 걱정되어 조바심하는 모양） 조마조마
風（かぜ）で花（はな）びらがはらはらと舞（ま）った。

31 ほっと 한숨짓는 모양, 마음을 놓는 모양
仕事（しごと）の合間（あいま）にコーヒーを飲（の）むとほっとする。

32 もしかして 혹시, 만일, 어쩌면
類 もし 만약, 만일
ひょっとして 만약, 혹시
もしかして机（つくえ）の上（うえ）に置（お）いてある日記（にっき）帳（ちょう）見（み）た？

33 もろに 직접, 정면으로
類 真面に（まともに） 정면으로
冷（つめ）たい風（かぜ）をもろに受（う）けたため風邪（かぜ）を引（ひ）いた。

34 わくわく （기쁨·기대·걱정 등으로 마음이 설레는 모양） 두근두근
類 どきどき 두근두근
私（わたし）はわくわくすると眠（ねむ）れなくなる。

35 わざわざ 일부러, 특별히
類 折角（せっかく） 모처럼, 애써
わざわざ来（き）ていただいてありがとうございました。

問題2 （　　　）に入れるのに最もよいものを、１・２・３・４から一つ選びなさい。

1 知っていたのなら（　　　）なんで彼女を止めなかったんだ。

1 当然　　　　2 今更　　　　3 必然　　　　4 尚更

2 今回は今までの番組の名場面を（　　　）皆様にお見せ致します。

1 一挙に　　　　2 一角に　　　　3 一旦に　　　　4 一見に

3 皆さんご存知かと思われますが、（　　　）もう一度言わせて頂きます。

1 冴えて　　　　2 掛けて　　　　3 敢えて　　　　4 終えて

4 そそっかしい息子は（　　　）今日も忘れ物を取りに帰ってきた。

1 珍しく　　　　2 案の定　　　　3 たまたま　　　　4 時折

5 お取引頂き誠にありがとうございました。今後も（　　　）宜しくお願い致します。

1 それとなく　　　　2 軽卒　　　　3 どことなく　　　　4 何卒

6 人が多すぎて（　　　）しか見えなかったよ。

1 ちらっと　　　　2 からっと　　　　3 しっかりと　　　　4 ほろっと

7 私が座ろうとすると彼は（　　　）椅子を引いてくれ、少し胸がドキドキした。

1 あっと　　　　2 がっと　　　　3 さっと　　　　4 ぽっと

8 美味しいと聞いて２時間もかけて（　　　）食べに来たのに、店が休みだったなんて。

1 おちおち　　　　2 のろのろ　　　　3 はらはら　　　　4 わざわざ

問題3 ＿＿＿＿の言葉に意味が最も近いものを、１・２・３・４から一つ選びなさい。

1 どこかで見たことあると思ったけど、<u>もしかして</u>あなた田中君じゃない？

1 ちゃんとして　　　　　　　　　　2 きちんとして
3 ひょっとして　　　　　　　　　　4 りんとして

2 もう少し<u>ゆっくり</u>考えてから答えを出したいんだけど、時間を貰えるかな。

1 あっさり　　　　2 うっかり　　　　3 さっぱり　　　　4 じっくり

3 確かに美味しいとは言ったが１ヶ月同じ物を出されると、さすがに<u>飽きて</u>しまう。

1 うんざりして　　　　2 げんなりして　　　　3 おきざりして　　　　4 しんなりして

4 私の見解に過ぎないが、<u>どうやら</u>彼と彼女は付き合っている。

1 多分　　　　　　　2 確実　　　　　　　3 未定　　　　　　　4 正解

5 彼女は誰に対しても<u>はっきり</u>と自分の意見を述べる。

1 かっちり　　　　2 がっつり　　　　3 きっぱり　　　　4 きっかり

6 父は母の<u>おっとり</u>としたところに惚れたらしい。

1 穏やか　　　　2 清楚　　　　3 綺麗　　　　4 艶やか

7 大きな事件を解決して<u>ほっとする</u>間も無く、新しい事件が発生した。

1 安置する　　　　2 安易する　　　　3 安心する　　　　4 安直する

8 あの体のどこに入るのか、彼女は10人分の料理を<u>ことごとく</u>食べ尽くした。

1 残して　　　　2 諦めず　　　　3 諦めて　　　　4 残らず

問題4　次の言葉の使い方として最も良いものを、１・２・３・４から一つ選び
　　　　なさい。

1　仮に

1　彼が仮に失敗したとしても、皆が彼を責めることはないだろう。

2　お祖父ちゃんは山へうさぎを仮に行きました。

3　そういえば、図書館に資料があったな、悪いけど仮に行ってもらえるかな？

4　昨日テレビで見たりんご、美味しそうだったな。よし、明日はりんご仮にでも行くか。

2　てっきり

1　最近てっきり寒くなり、いよいよ冬が来たと実感する。

2　彼女の考えていることが僕にはてっきり分からない。

3　何であなたが来るの？　私はてっきりお姉さんが来ると思ってたのに。

4　すぐに忘れたり、壊したりする私を皆はてっきり者だと言う。

3　わくわく

1　彼はやることが分からずわくわくしていた。

2　英語の文章をわくわく読む息子を見て、天才かもしれないと思った。

3　そんなことを言う為にわくわくここに来たのかい？

4　明日が遠足当日だと思うとわくわくしてきた。

Chapter7 가타카나

01 アマチュア 아마추어
(類) 素人（しろうと） 비전문가
テニスは先月（せんげつ）から始（はじ）めたのでまだまだアマチュアだ。

02 アンケート 앙케트, 설문조사

03 ウイルス 바이러스

04 エンジニア 엔지니어, 기사, 기술자
父（ちち）の仕事（しごと）はパソコンのエンジニアだ。

05 オーバー 오버, 초과, 넘침
旅行（りょこう）の予算（よさん）が大（おお）きくオーバーしてしまった。

06 オープン 개업, 개점, 옥외의, 개방된
来月（らいげつ）家（いえ）の近（ちか）くに大型（おおがた）スーパーがオープンする。

07 オリエンテーション 오리엔테이션

08 カーペット 카펫, 융단

09 ガイド 가이드, (여행)안내, 안내인

10 カット 조그만 삽화, 영화의 한 장면, 자름, 삭제
(類) 切断（せつだん） 절단　削除（さくじょ） 삭제

不況（ふきょう）の影響（えいきょう）で給料（きゅうりょう）を５０％カットされた。

11 カテゴリー 카테고리, 범주

12 カメラマン 카메라맨, 사진사, 촬영기사

13 カルテ 카르테, 진료 기록 카드

14 キャッチ 캐치, 잡음, (공을)받음
(類) 捕捉（ほそく） 포착　捕球（ほきゅう） 포구, 공을 잡음
山（やま）の中（なか）で電波（でんぱ）をキャッチした。

15 クイズ 퀴즈, 수수께끼

16 ケース 케이스, 용기, 경우
(類) 容器（ようき） 용기　入れ物（いれもの） 그릇　場合（ばあい） 경우
旅行（りょこう）の時（とき）は薬（くすり）をケースに入（い）れて持（も）っていく。
この事件（じけん）は特別（とくべつ）なケースだ。

17 コーナー 코너, 구석, 경주로 등에서 진행 방향이 바뀌는 부분
トップの選手（せんしゅ）が最後（さいご）のコーナーを回（まわ）りました。

18 コンタクト 콘택트, 접촉, 콘택트렌즈

19 コンテスト 콘테스트, 경연대회

20 サイクル 사이클, 자전거, 주기
仕事（しごと）を始（はじ）めて生活（せいかつ）のサイクルが変（か）わった。

21 シート 시트, 좌석, 얇은 종이 등의 한 장, (자동차의 덮개 등으로 쓰이는)방수포

22 **システム** 시스템, 조직, 체계

23 **シナリオ** 시나리오, 각본 類 **台本**(だいほん) 대본

アニメのシナリオが完成(かんせい)した。

24 **ジャズ** 재즈

25 **ショック** 쇼크, 충격

娘(むすめ)の突然(とつぜん)の家出(いえで)にとてもショックを受(う)けた。

26 **ストライク** (야구 · 볼링 등에서)스트라이크

27 **ストレス** 스트레스

28 **スペース** 스페이스, 공간, 여백

家(いえ)が狭(せま)すぎてパソコンを置(お)くスペースが無(な)い。

29 **セール** 세일, 매출

30 **セクション** 섹션, 분할된 구획, 담당 부서

私(わたし)が働(はたら)いている会社(かいしゃ)は５セクションからなる。

31 **ソース** 소스, 출처, 근원

32 **ダース** 다스

33 **タイトル** 타이틀, 표제, 칭호

34 **タイマー** 타이머, 경기의 시간기록계

35 **タイミング** 타이밍

36 **タイムリー** 타임리, 적시임, 시의 적절함

37 **チームワーク** 팀워크, 팀 내의 단결

38 **ティッシュ(ペーパー)** 티슈, 화장지

39 **デザート** 디저트, 후식

40 **デザイン** 디자인

41 **ドライバー** 드라이버, 나사돌리개, 운전사

このいすのネジが外(はず)れかけているな、ちょっとドライバー持(も)ってきて。

私(わたし)の叔父(おじ)はタクシーのドライバーだ。

42 **ドライブイン** 드라이브인, 차를 탄 채 용무를 볼 수 있는 각종 서비스 시설, 도로변에 있는 휴게소, 식당

43 **ナイター** 나이터, (주로 야구의)야간 경기

44 **ノイローゼ** 노이로제, 신경쇠약증

彼(かれ)は仕事(しごと)のストレスからノイローゼになってしまった。

45 **パジャマ** 파자마, 서양식 잠옷

46 **バス** 목욕, 욕실

47 **パチンコ** 슬롯머신

48 **バッテリー** 배터리, 축전지, (야구에서)한 팀의 투수와 포수

携帯(けいたい)のバッテリーがなくなりそうだったので、充電(じゅうでん)した。

僕(ぼく)と矢田(やだ)が次(つぎ)の試合(しあい)でバッテリーを組(く)むことになった。

49 **バット** (야구에서)배트, 공을 치는 방망이

| **50** パトカー 패트롤카, 순찰차 | **66** メロディー 멜로디, 가락, 선율 |

50 パトカー 패트롤카, 순찰차

51 ビジネス 비즈니스, 업무, 사업

52 ファイル 파일, 서류철

53 フィルター 필터, 여과장치

54 ブーム 붐, 일시적인 대유행
私の最近のブームは海外のドラマを見ることだ。

55 フェリー 페리, 대형 연락선

56 フロント 프런트, 정면, (호텔의)현관에 있는 접수, 계산대

57 ベストセラー 베스트셀러

58 ペン 펜

59 ポーズ 포즈, 인물의 자세, 멈춤
ここで写真撮影をするので座ってポーズをとってください。

60 ポジション 포지션, 위치, 지위

61 マスコミ 매스컴

62 ミス 미스, 미혼 여성, 실패, 실수
今日は仕事でたくさんミスしてしまった。

63 ムード 무드, 분위기

64 メッセージ 메시지, 전언

65 メディア 미디어, 매체

66 メロディー 멜로디, 가락, 선율

67 ユニーク 유니크, 독창적, 독특함

68 ライバル 라이벌, 경쟁자
類 競争相手 경쟁상대
彼女はいつも私がトップを競いあっているライバルだ。

69 ランプ 램프, 전등

70 ルーズ 루스, 칠칠치 못함, 단정하지 못함
私の家族はみんな時間にルーズだ。

71 レギュラー 레귤러, 정규의, 보통의
コーヒーのレギュラーサイズを一つください。

72 レッスン 레슨, 교습

73 レントゲン 뢴트겐, 방사선의 강도, 엑스선

74 ロマンティック 로맨틱, 낭만적
女性はロマンティックな雰囲気に弱い。

問題2 （　　　）に入れるのに最もよいものを、1・2・3・4から一つ選び
なさい。

1 この作品、完成したのにまだ（　　　）がないんだ。
1 タイトル　　　　2 システム　　　　3 フィルター　　　4 カメラ

2 車を運転するなら（　　　）は常識ある運転を心がけるべきであろう。
1 エンジニア　　　2 ドライブイン　　3 ドライバー　　　4 シート

3 スーパーへ行くと、いつも息子はお菓子（　　　）から離れようとしない。
1 タイマー　　　　2 コーナー　　　　3 ナイター　　　　4 フェリー

4 明日駅前に新しくケーキ屋が（　　　）するんだけど食べに行かない？
1 ポジション　　　2 ショック　　　　3 フロント　　　　4 オープン

5 姉の職業は海外旅行の（　　　）だ。
1 ランプ　　　　　2 ガイド　　　　　3 カルテ　　　　　4 バス

6 最近私は韓国語の（　　　）会話を習い始めた。
1 スペース　　　　2 ビジネス　　　　3 タイムリー　　　4 メロディー

7 初めてのデートで必死に（　　　）作りをする彼がおかしかった。
1 カメラマン　　　2 マスコミ　　　　3 セクション　　　4 ムード

8 団体競技なんだから、何よりも（　　　）を大切にしないと。
1 ホームワーク　　　　　　　　　　　2 ルームメイト
3 チームワーク　　　　　　　　　　　4 ワークスペース

1 駄目です、電波の状況が悪くて上手く<u>受信</u>できません。
　1 キャッチ　　　　2 ティッシュ　　　3 タッチ　　　　4 シェイク

2 彼は、話に割り込む<u>隙</u>を伺っていた。
　1 アイドリング　　　　　　　　2 タイミング
　3 スタート　　　　　　　　　　4 セール

3 生産、回収、再生、我が社ではこのような<u>循環</u>が可能な製品を開発した。
　1 ベスト　　　　　2 エンジニア　　　3 サイクル　　　4 セクション

4 今日はどのように<u>切り</u>ましょうか？
　1 ショックし　　　2 メットし　　　　3 アウトし　　　4 カットし

5 彼は誠に<u>独特</u>な思想をもっておるな。
　1 レギュラー　　　2 ユニーク　　　　3 デザイン　　　4 ストライク

6 彼女は外見に反して、<u>だらしない</u>生活を送っている。
　1 バットな　　　　2 マットな　　　　3 ルーズな　　　4 ポーズな

7 ただ今、電話に出ることができません。ご用件のある方はピーの後に<u>メッセージ</u>をどうぞ。
　1 伝達　　　　　　2 伝染　　　　　　3 伝言　　　　　4 伝道

8 彼の<u>場合</u>は一般とは違いますね。
　1 コース　　　　　2 セール　　　　　3 パール　　　　4 ケース

問題4 次の言葉の使い方として最もよいものを、1・2・3・4から一つ選び
なさい。

1 パトカー

1 いつもパトカーしてるから壁にぶつけるのよ。

2 警官でもない限り大人になってパトカーには乗りたくない。

3 明日はいよいよ私の誕生日パトカーだ。

4 電車もバスも無くなったので仕方なくパトカーに乗ったら高くついた。

2 ミス

1 突然ボールをミスされたので、受け取れなかった。

2 書類は必ず鉛筆ではなくミスで書いて下さいね。

3 これは明らかに私のミスなので、責任は私にあります。

4 私のお父さんはミスの運転手さんです。

3 ストレス

1 寝る時はストレスに着替えます。

2 ちゃんと僕のストレスもとっておいてよ。

3 彼とは勝ったり負けたりとストレス同士である。

4 私のストレス発散方法は歌を歌うことだ。

01 あべこべ 반대, 뒤바뀜

(類) **逆**(ぎゃく) 반대　**逆**(さか)**さま** 거꾸로 됨, 반대로 됨

手順(てじゅん)があべこべになってしまった。

02 いかなる 어떤, 어떠한

03 遺憾(いかん) 유감

04 いざ (남에게 무엇을 권할 때) 자, 그럼
(무슨 일을 시작할 때) 막상, 정작

05 臆病(おくびょう) 겁이 많음, 겁쟁이

(類) **怖**(こわ)**がり** 작은 일에도 두려움, 그런 사람

小心(しょうしん) 소심

私(わたし)ほど臆病(おくびょう)な人(ひと)はいないだろう。

06 愕然(がくぜん) 악연, 깜짝 놀람

07 寛容(かんよう) 관용

08 緩和(かんわ) 완화

09 きまぐれ 변덕, 변덕스러움

10 生真面目(きまじめ) 고지식함, 착실함

11 気まま(き) 마음대로 함, 제멋대로 굶

(類) **勝手**(かって) 제멋대로 굶

彼(かれ)は気(き)ままな学生生活(がくせいせいかつ)を送(おく)っている。

12 緊急(きんきゅう) 긴급

13 好評(こうひょう) 호평

14 巧妙(こうみょう) 교묘

犯人(はんにん)は巧妙(こうみょう)なトリックを使(つか)った。

15 心が踊る(こころ・おど) 마음이 설레다

素敵(すてき)な人(ひと)に巡(めぐ)り合(あ)って心(こころ)が踊(おど)った。

16 ことさら 일부러, 특별히

(類) **故意**(こい) 고의, 일부러　**わざわざ** 일부러

この話題(わだい)はことさらニュースで取(と)り上(あ)げるほどのものではない。

17 しかたがない 어쩔 도리가 없다, 하는 수 없다

18 じれったい (일이 뜻대로 진행되지 않아)애달다, 속이 타다

彼女(かのじょ)からの告白(こくはく)の返事(へんじ)をなかなかもらえずじれったい思(おも)いをしている。

19 誠実(せいじつ) 성실

20 盛大(せいだい) 성대

21 即座に(そくざ) 즉석에서, 그 자리에서

22 素朴(そぼく) 소박

23 そもそも 처음, 시작, 무릇, 도대체

24 大概(たいがい) 대강, 대개, 대부분

(類) **ほとんど** 거의, 대부분

たいてい 대개

この歌手(かしゅ)のことは大概(たいがい)の人(ひと)が知(し)っている。

25 **大胆** 대담
類 **図太い** 배짱 있다, 넉살 좋다
アイドルがテレビで大胆発言をしていた。

26 **大量** 대량
類 **多量** 다량
海外から製品を大量に輸入した。

27 **多彩** 다채

28 **短気** 성미가 급함, 급한 성미
類 **気短** 성급함, 조급함
私が直したいところは短気なところです。

29 **手近** 가까이 있음, 가까운 곳

30 **鈍感** 둔감
類 **鈍い** 무디다, 둔하다
私の夫は笑いに鈍感だ。

31 **なんだかんだ** 이것저것, 이러쿵저러쿵
なんだかんだとケチをつけないでください。

32 **〜にもかかわらず** 〜인데도 불구하고
熱があるにもかかわらず試験を受けに学校へ行った。

33 **〜によると** 〜에 의하면, 〜에 따르면

34 **乗り気** 마음이 내킴, 내키는 마음
私の予想に反して姉はお見合いに乗り気だった。

35 **はがゆい** (뜻대로 되지 않아)조바심 나다, 답답하다
私は今まではがゆい思いをたくさんしてきた。

36 **場違い** 장소가 다름, 그 자리에 어울리지 않음
ここでその問題を持ち出すのは場違いだ。

37 **幅広い** 폭넓다

38 **遥か** (시간·거리 등이)아득함, (〜에의 꼴로) 훨씬

39 **半端** 다 차지(갖춰지지) 않음, 또는 그런 것, 어중간함

40 **繁盛** 번성

41 **人柄** 인품, 사람됨, 점잖음

42 **卑劣** 비열

43 **敏感** 민감

44 **頻繁** 빈번

45 **不意** 불의, 불시, 느닷없음
類 **突然** 돌연 **出し抜け** 갑작스러움
敵に不意を突かれた。

46 **不快** 불쾌

47 **ぶかぶか** (입은 것이 몸에 커서)헐렁헐렁함

48 **不振** 부진

49 **不明** 불명

50 ふらふら 휘청휘청, 비틀비틀, 어정어정

51 ぶらぶら 흔들흔들, 대롱대롱, 어슬렁어슬렁,
빈둥빈둥

52 ぺこぺこ 배가 몹시 고픔, (머리를 연방 숙이고
아첨하는 모양) 굽실굽실
彼は誰にでもぺこぺこ頭を下げる。

53 発端 발단
事の発端は私が彼に嘘をついたこ
とでした。

54 本気 본마음, 진심, 진지한 마음
類 真剣 진지함, 진정임　真面目 진지함
説明会に行って本気でこの大学に
入りたいと思った。

55 まちまち 구구, 가지각색
類 様々 여러 가지, 가지각색
みんなの意見がまちまちだった。

56 目の当たり 눈앞, 목전,
(～にの 꼴로) 직접, 친히

57 密接 밀접

58 明朗 명랑

59 憂鬱 우울

60 悠長 침착함, 느긋함
彼はいつも悠長に構えている。

61 露骨 노골
類 剥き出し 드러냄　露 노출함, 노골적임
私は嫌なことがあると露骨に顔に
出てしまう。

問題1 ＿＿＿＿の言葉の読み方として最もよいものを、１・２・３・４から一つ
選びなさい。

1 その人、<u>頻繁</u>に名前を聞くようになったけど、誰なの？ 有名人？

1 ひんこん　　　　2 ひんこう　　　　3 ひんぱつ　　　　4 ひんぱん

2 実に<u>巧妙</u>な方法で盗み出されている。これは素人ではなくプロの仕事だな。

1 ぜつみょう　　　2 こうみょう　　　3 びみょう　　　　4 しんみょう

3 最近私は結婚の二文字に<u>敏感</u>だ。

1 そうかん　　　　2 たいかん　　　　3 どんかん　　　　4 びんかん

4 この辺りは家が<u>密接</u>していて道の幅が狭くなってます。

1 あいせつ　　　　2 みっせつ　　　　3 ようせつ　　　　4 りんせつ

5 家に帰るとあまりの部屋の散らかり様に<u>愕然</u>とした。

1 あぜん　　　　　2 そうぜん　　　　3 がくぜん　　　　4 きぜん

6 今年は残念なことに成績が<u>不振</u>のまま全試合を終えた。

1 ふびん　　　　　2 ふふく　　　　　3 ふがい　　　　　4 ふしん

7 うさぎはとても<u>臆病</u>な動物ですので、乱暴に触らないようにして下さいね。

1 おくびょう　　　2 かんびょう　　　3 こうびょう　　　4 うつびょう

8 この飴嘗めなよ、のどの痛みが<u>緩和</u>するから。

1 だんわ　　　　　2 かんわ　　　　　3 おんわ　　　　　4 にゅうわ

1 店長さん。今日もお客がいっぱいで（　　　）してますね。

1 生協　　　　　　2 繁盛　　　　　　3 発散　　　　　　4 精算

2 ほら、足元が（　　　）してるわよ。家に帰って寝なさいよ。

1 くらくら　　　　2 まちまち　　　　3 ふらふら　　　　4 ぷかぷか

3 彼は（　　　）文句を言いつつも結局は彼女の手伝いをしている。

1 ぷつぷつ　　　　2 じたばた　　　　3 たちまち　　　　4 なんだかんだ

4 怪我をした為に、試合に出られずとても（　　　）思いだった。

1 まばゆい　　　　2 はがゆい　　　　3 かわゆい　　　　4 かみゆい

5 来週から期末試験が始まるかと思うと、今から（　　　）でならない。

1 そううつ　　　　2 たいくつ　　　　3 へんくつ　　　　4 ゆううつ

6 駄目だ、お腹が（　　　）でもう一歩も歩けない。

1 ぺこぺこ　　　　2 ぽこぽこ　　　　3 かちかち　　　　4 むきむき

7 このズボン大きすぎて（　　　）だわ。

1 ぶつぶつ　　　　2 ぶかぶか　　　　3 ぶるぶる　　　　4 ぶくぶく

8 僕は彼女の（　　　）にいつも振り回されている。

1 ゆうぐれ　　　　2 まえぶれ　　　　3 きまぐれ　　　　4 かおぶれ

問題3 ＿＿＿＿＿の言葉に意味が最も近いものを、１・２・３・４から一つ選びなさい。

1 そもそも私が言ってたことじゃないですか。

1 最初から　　　　2 最後まで　　　　3 途中から　　　　4 途中まで

2 彼の作る家具はとても素朴だ。

1 丈夫　　　　2 巨大　　　　3 安全　　　　4 自然

3 いいかい、どんな事があっても知らない人に付いて行ってはいけませんよ。

1 みちなる　　　　2 いかなる　　　　3 あいなる　　　　4 さらなる

4 私はあまり怒ることはなく大概のことは許せるのだが、今回ばかりは我慢できなかった。

1 大部分　　　　2 大海　　　　3 大器　　　　4 大納言

5 彼は鈍感すぎて、まだ彼女の気持ちに気付いていないようだ。

1 にく　　　　2 しぶ　　　　3 にぶ　　　　4 かゆ

6 そんな不意に言われても、今からでは材料が手に入りませんよ。

1 急に　　　　2 急速に　　　　3 早急に　　　　4 特急に

7 この人、とても誠実な人なのよ、一度くらい会ってみたらどう？

1 神経質　　　　2 消極的　　　　3 真面目　　　　4 実業家

8 私は何よりも先生の人柄を尊敬しています。

1 体格　　　　2 人格　　　　3 品格　　　　4 価格

 次の言葉の使い方として最もよいものを、1・2・3・4から一つ選びなさい。

1 露骨

1 休みになるとやることがなくて露骨でしかたない。

2 そんな露骨な言い方しなくても良いでしょう。

3 最近寒い為か窓が露骨している。

4 毎月おこづかいを露骨に貯めてやっと欲しかったゲームが買えた。

2 ぶらぶら

1 俺は約束の時間まで外でぶらぶらしてくるよ。

2 最近眠れないせいか目の前がぶらぶらする。

3 あんまりお酒を飲んだらぶらぶらになって帰れないよ。

4 食べすぎだよ、だからぶらぶら太るんだよ。

3 心が躍る

1 試験の結果を待っている間不安で、心が躍ってたまらなかった。

2 彼女の話があまりに悲しかったので私も思わず心が躍ってしまった。

3 夫は最近疲れているようで帰ると直ぐに疲れて心が躍ってしまう。

4 彼が1年ぶりに帰国すると聞いてから心が躍った。

	문제유형	유형 설명	문항수
問題5	문법형식 판단	괄호 안에 들어갈 가장 알맞는 문법적 기능어를 찾아 문장을 완성하는 문제	10문항
問題6	문장 조합	선택지로 주어진 1~4의 어휘를 나열하여 문장을 완성한 후, ★ 표시가 된 부분에 들어갈 표현을 찾는 문제	5문항
問題7	문장 속 문법	글을 읽고 빈 칸에 들어갈 표현을 찾는 문제	5문항

문법 문제 유형 이해하기

1. 문장 중간에 오는 기능어 1

2. 문장 중간에 오는 기능어 2

3. 문장 중간에 오는 기능어 3

4. 문장 중간에 오는 기능어 4

5. 문장 중간에 오는 기능어 5

6. 문장 끝에 오는 기능어

문법 파트에서는 문제5 유형이 10문항, 문제6과 7 유형이 각 5문항씩 출제된다.

문제5 유형은 문장 안에 들어갈 문법적 기능어를 찾아 넣는 형식으로, 문법 공부만 착실하게 한다면 빠른 시간 안에 해결할 수 있을 뿐만 아니라, 공부한 만큼 점수를 기대할 수도 있는 부분이다.

문제6 유형은 문장을 문맥에 맞게 조합을 해야 하고, 문제7 유형은 독해문을 읽고 빈칸에 들어갈 알맞은 어휘를 찾아야 하는 문제로, 비교적 시간이 많이 소요되는 문제가 출제된다. 하지만, 문제를 풀어봄으로써, 문제 푸는 요령만 몸에 익힌다면, 어려움 없이 문제에 대응할 수 있을 것이다.

그럼, 본격적으로 문법 문제를 분석해보자.

問題5 **문법형식 판단**

問題5 次の文の（　　　　）に入れるのに最もよいものを、1・2・3・4から一つ選びなさい。

1 私は好きな仕事をしているので忙しい（　　　）充実した毎日を送っていると思う。

　1 がてら　　　　　2 とあって　　　　　3 ながらも　　　　　4 そばから

정답은 3번이다.

'문법형식 판단' 문제는 문맥에 맞게 괄호 안에 들어갈 알맞은 문법 형식을 찾는 문제로, 10문제 출제된다. 기능어(문법)의 의미와 접속 방법 등을 외워서 준비하면 큰 어려움 없이 대응할 수 있을 것으로 판단된다.

問題6 次の文の ＿＿＿ ★ に入る最もよいものを、1・2・3・4から一つ選びなさい。

1 景品を先着順に ＿＿＿ ＿＿＿ ＿★＿ ＿＿＿ から多くの人で溢れかえっていた。

1 もらえる　　　　2 オープン前　　　3 デパートの前は　4 だけあって

문제로 주어진 문장을 선택지를 이용해 완성하면 다음과 같다.

景品を先着順に 1 もらえる 4 だけあって 3 デパートの前は 2 オープン前
　　　　　　　　　　　　　　　　　　　★

から多くの人で溢れかえっていた。

'★' 부분에 들어가는 표현을 찾으면, 정답은 3번이 된다.

'문장 조합' 문제는 '쓰는 능력'을 측정하는 문제라 할 수 있다.

주어진 선택지 4개를 문법과 의미가 통하도록 문장을 재배열하여 '★'표에 해당하는 선택지가 정답이 된다. 문제를 풀 때는 실제로 문장을 써서 눈으로 확인하는 것이 좋다. 일단 선택지 4개 중에 서로 앞뒤에 올 수 있는 것을 묶어 두고, 그 다음 첫 칸에 올 수 있는 선택지와 마지막 칸에 올 수 있는 선택지를 정해두면 2번째와 3번째에 오는 선택지를 정하기 쉬워진다.

問題7 次の文章を読んで、　1　から　5　の中に入る最もよいものを、１・２・
　　　３・４の中から一つ選びなさい。

　　私たちは、おたがいの心を想像しながら生活しています。相手に期待し、
相手からの期待にこたえようとします。ときには、そこにズレが生じます。
これが悩みのひとつの種になることも多いでしょう。ここで大切なことは、
そもそも人が心に関心をもたなければ、悩みは生まれない、ということで
す。あたりまえといわれれば、それまでですが。

　　他者の心を推測し、自分の心をふりかえる。これは、ある意味で、とても
人間らしい行動といえるでしょう。その過程の中で、悩みが生じるとすれ
ば、悩みも人間らしさの一部と　1　。そして、このような「心への関心」
は、ある年齢にぐんと発達することがわかってきたのです。

　　ここで、自分の成長を思い出してください。はじめて心に関心をもったの
は、いったい何歳ぐらいでしょうか。

　　現在の心理学者たちは、四歳前後というひとつの目安を提唱してしていま
す。この時期を境に、他者の心を推測する力が伸びてくるのです。たとえ
ば、「　2-a　がほしがっているから、　2-b　も使いたいけど、おもちゃを貸
してあげよう」とか、「こんなプレゼントをあげると、お母さんがよろこぶだ
ろうな」というふうに。「怒られるから」「決まりだから」というのではな
く、他者への配慮、共感、思いやりがはっきりとあらわれ、それにあわせて
自分の行動もコントロールできるというわけです。心とのはじめての出会い
は四歳　3　。

　　もうひとつ大切なことは、四歳ぐらいから、嘘をつきはじめる、というこ
とです。みなさんはすぐに、「嘘はよくない」と思うかもしれませんね。しか
し、心理学的にいえば、嘘はじつに高度なコミュニケーションなのです。考
えてみれば、嘘というのは、相手の裏をかく行動です。　4　、相手が何を
考えているのか、その心を想像できなければなりません。そのうえで、「意地
悪してやろう」「困らせてやろう」「驚かせてやろう」というわけですから、
　5　が必要です。子供たちは、「嘘っこ」と「ほんとう」のあいだを、あんが
い自在に楽しんでいるのかもしれませんよ。

1

1 いえるかもしれません　　　　　2 いえばそれまでです
3 いうほかしかたがありません　　4 いわずにはおきません

2

1 a 他人 ／ b 友だち　　　　　　2 a 友だち ／ b 自分
3 a 自分 ／ b 友だち　　　　　　4 a 親 ／ b 自分

3

1 といったらないでしょう　　　　2 といってもいいでしょう
3 にはあたらないでしょう　　　　4 にかかわらないでしょう

4

1 ですから　　　　　　　　　　　2 けれども
3 ならびに　　　　　　　　　　　4 つまり

5

1 単純な思考　　　　　　　　　　2 無駄な思考
3 簡潔な思考　　　　　　　　　　4 複雑な思考

정답은 '1-1, 2-2, 3-2, 4-1, 5-4'다.
'문장 속 문법'에서는 문장에 흐름에 맞는 어휘 및 기능어를 선택하는 문제로, 5문제 출제된다. 얼핏 보기에는 독해 문제처럼 보이지만, 문장 속에서 접속사의 형태, 어휘와 문법이 문장 흐름에 맞게 되어 있는지를 묻는 문제다. 풀이 방법은 문장 전체의 흐름보다는 □ 전후의 내용을 정독해서 답을 구하는 것이 효율적이다. 답을 생각하기 보다는 선택지를 하나하나 적용시켜서 틀린 것을 제거하는 것이 시간 절약에 유효하다.

01 (いかに / どんなに)〜と(も) (아무리) 〜해도, 〜여도

[접속] 동사 의지형 ‖ い형용사–く ‖ な형용사–であろう ‖ 명사–であろう

今はどんなに辛くとも耐えなければならない。

02 〜いかんだ / 〜いかんで(は) /

〜いかんによっては / 〜いかんによらず / 〜いかんにかかわらず

① 〜いかんだ / 〜いかんで(は) 〜여하에 따라서다 / 〜여하에 따라서(는)

[접속] 명사(–の)

成績の結果いかんでは引退を考える可能性もある。

② 〜いかんによっては / 〜いかんによらず / 〜いかんにかかわらず

〜여하에 따라서는 / 〜여하에 관계없이 / 〜여하에 상관없이

[접속] 명사(–の)

明日の天気のいかんによっては遠足が中止になることもあります。

03 〜いざ知らず 〜은 어떨지 모르지만, 〜은 어찌되었건

[접속] 명사

[설명] 앞뒤에는 대비적인 내용이 오며, 뒤에는 주로 놀랍거나 힘들다는 표현이 온다. 명사에 조사 「〜は」 또는 「〜なら」 「〜たら」 등이 붙는 경우도 있다.

昔はいざ知らず、今こんなことをすると犯罪ですよ。

04 言わずもがな 말하지 않는 편이 좋음, 말할 필요가 없음

彼女は英語は言わずもがな、韓国語も話す。

05 〜(よ)うが / 〜(よ)うが〜まいが / 〜(よ)うと〜まいと

〜하든 / 〜하든 〜하지 않든 / 〜해도 〜하지 않아도

[접속] 동사 의지형 + が ‖ 동사 의지형 + が(と) + 동사 사전형 + まいが(まいと)

君が試験に合格しようがしまいが私には関係ない。

06 ～(よ)うにも～ない ～(하)려고 해도 ～(하)지 않다

[接続] 동사 의지형 + にも + 동사 ない형 + ない

[説明] 같은 동사를 두 번 반복해서 사용하는 경우, 「～ない」는 동사의 가능형에 접속한다.

勉強しようにも部屋がうるさすぎて勉強できない。

07 ～(よ)うものなら 만일 ～하면

[接続] 동사 의지형

[説明] 접속 뒤에는 큰일이나 어떤 문제가 생길 것임을 나타내는 표현이 온다.

親に反発しようものなら家から追い出されるだろう。

08 ～かいもなく (노력했지만) 보람도 없이, 효과도 없이

[接続] 동사 た형 ‖ 명사－の

勉強したかいもなくテストで悪い点をとってしまった。

09 ～ないまでも ～까지는 ～하지 않더라도

[接続] 동사 ない형

せっかく作ったんだから全部とは言わないまでもせめて半分くらいは食べてよ。

10 ～が最後 일단～하면 그대로, 일단 ～하면 꼭

[接続] 동사 た형

[説明] 뒤에는 반드시 그렇게 된다고 하는 상황과 자신의 의지를 나타내는 표현이 온다.

私の息子は寝てしまったが最後、何が起こっても絶対に起きない。

11 ～かたがた ～을 겸해서

[接続] 명사

[説明] 하나의 행위가 두 가지 목적을 위해 행해지는 경우 사용하는 표현이다.

大学合格の報告かたがた先生の家に遊びに行った。

12 ～かたわら ～하는 한편, ～함과 동시에

[接続] 동사 사전형 ‖ 명사－の

[説明] 주가 되는 일을 하는 것 이외에 또 하나의 일을 하고 있는 상황을 표현한다. 오랜 기간 계속되는 일에 사용되는 경우가 많다.

私は勉強のかたわら、アルバイトをしている。

13 **～がてら** ～하는 김에

[접속] 동사 ます형 ‖ 명사

[설명] 어떤 한 가지 동작을 해서 또 한 가지의 다른 목적도 달성하게 되는 것을 나타낸다.

外に行きがてら、郵便局ではがきを買ってきてくれないか。

14 **～が早いか** ～하자마자

[접속] 동사 사전형・た형

[설명] 이어서 바로 뒤의 동작을 하거나 그 순간에 무언가가 일어나는 모습을 나타낸다.

授業が終わったが早いか生徒たちは教室を飛び出していった。

15 **～からある / ～からいる / ～からする / ～からの** ～나 되다, ～나 되는

[접속] (크기・길이・무게 등을 나타내는) 명사

[설명] 구체적인 수량을 나타내는 명사에 이어져 그것을 강조하는 표현이다.

10キロからある巨大なねずみが図鑑にのっていた。

16 **～ながらも** ～면서도, ～이지만

[접속] 동사 ます형・ない형-ない ‖ い형용사 사전형 ‖ な형용사 어간(또는 な형용사-であり) ‖ 명사(또는 명사-であり)

この機械は小型ながらも優れた機能を備えている。

17 **～なくして(は)** ～없이(는)

[접속] 명사

[설명] 가정표현이다. '～가 없으면 무언가를 하는 것이 어렵다'는 내용이 뒤에 온다.

私は息子なくしては生きていく自信がありません。

18 **～ごとき / ～ごとく / ～ごとし** ～같은 / ～같이 / ～같다

[접속] 동사 사전형・た형 + (が/かの) ‖ 명사-の ‖ [명사 / な형용사] + であるが(の)/であるかの

[설명] 실제로는 그렇지 않지만 '마치～인 것 같다'는 비유 표현이다.

君ごときに負けてたまるか！

19 〜ことだし 〜(이)니까

[접속] [동사 / い형용사 / な형용사 / 명사]의 명사수식형

[설명] 무언가를 할 때 그 이유를 강조하여 말하는 표현이다.

夜も遅いことだし続きは明日にしましょう。

20 〜こととて 〜이므로, 〜인 까닭에

[접속] [동사 / い형용사 / な형용사 / 명사]의 명사수식형

[설명] 변명이나 사죄의 이유로 사용되는 경우가 많다. 역접 조건을 나타내는 경우도 있다.

幼い子供のやったこととて、許していただけないでしょうか。

問題5 次の文の（　　　）に入れるのに最もよいものを、1・2・3・4から一つ選びなさい。

1 起きる（　　　）ご飯を食べろと母に言われた。

1 といえども　　　　2 が最後　　　　3 が早いか　　　　4 までもなく

2 新人の（　　　）今回だけ大目にみてやっていただけませんか？

1 なんのと　　　　2 ところを　　　　3 てまえ　　　　4 こととて

3 毎晩とは言わ（　　　）一週間に一回ぐらいはお酒を控えてください。

1 んがために　　　　2 ないといい　　　3 んばかりに　　　　4 ないまでも

4 しばらくの間何も食べてない人（　　　）彼は無心にご飯を食べ続けた。

1 のごとく　　　　2 であれ　　　　3 のみならず　　　　4 ですら

5 散歩（　　　）近くのスーパーまで行くことにした。

1 をよそに　　　　2 かたがた　　　　3 とばかりに　　　　4 にひきかえ

6 彼女は慣れない（　　　）、一生懸命作業をした。

1 としたって　　　　2 ながらも　　　　3 と思いきや　　　　4 のなんのと

7 子供なら（　　　）、大人にもなって一人でご飯を食べられないなんて信じられない。

1 いざ知らず　　　　2 かこつけて　　　3 ものともせず　　　　4 それまでだが

8 虫歯がたくさんできてしまい、ご飯を食べようにも（　　　）。

1 食べるに足らない　　　　　　　　　2 食べられない

3 食べるといったらない　　　　　　　4 食べなくはない

9 誕生日に100万（　　　）指輪をプレゼントされた。

1 あっての　　　　2 に至る　　　　3 にたえる　　　　4 からする

10 卒業できるかどうかは彼のこれからの努力（　　　）。

1 いかんだ　　　　2 ずくめだ　　　　3 しまつだ　　　　4 かぎりだ

11 頑張って書いた（　　　）、私の作文は賞に選ばれなかった。

1 とあって　　　　2 そばから　　　　3 かいもなく　　　　4 ともなれば

12 みんな大体そろった（　　　）、会議を始めましょうか。

1 だろうに　　　　2 といい　　　　3 とはいえ　　　　4 ことだし

13 どんなに危険なことが待ち受けていよう（　　　）、私は逃げたりしません。

1 とも　　　　2 とは　　　　3 やら　　　　4 なり

14 あなたが反対（　　　）、私は会社を辞めます。

1 した割に　　　　　　　　　　　　2 しようがしまいが

3 してやまず　　　　　　　　　　　4 したことを限りに

15 買い物（　　　）、銀行に寄ってお金を下ろすことにした。

1 てでも　　　　　　　　　　　　　2 にあって

3 がてら　　　　　　　　　　　　　4 にとどまらず

16 山本さんに会った（　　　）、少なくとも2時間は話に付き合わされるだろう。

1 が最後　　　　　　2 だけましで　　　　　3 といえども　　　　　4 ながらに

17 私の母は和食（　　　）、韓国料理も上手に作る。

1 であれ　　　　　　　　　　　　　2 と相まって
3 でなくて　　　　　　　　　　　　4 は言わずもがな

18 彼は歌の作曲活動をする（　　　）、新聞のコラムも書いている。

1 とこなしに　　　　2 かたわら　　　　3 なり　　　　4 とあって

19 あの人にプレゼントを選ばせ（　　　）、私の倍以上の時間がかかるだろう。

1 ようものなら　　　2 てまで　　　　3 んばかりに　　　4 ずにはすまず

20 ファンの力強い応援（　　　）、このような素晴らしい成績はおさめられなかっただろう。

1 をよそに　　　　　2 であれ　　　　3 たりとも　　　　4 なくしては

問題6 次の文の ___★___ に入る最もよいものを、1・2・3・4から一つ選びなさい。

1 子供 ____ _★_ ____ ____ 誰も注意しなかったことは恥ずべきことだ。

1 いながら　　　　2 大人が　　　　3 だけなら　　　　4 いざ知らず

2 ____ ____ _★_ ____ 父親を怒らせてしまった。

1 彼女の　　　　　　　　　　　　　2 ことを
3 言って　　　　　　　　　　　　　4 言わずもがなの

3 長時間 ＿＿＿ ＿＿＿ ★ ＿＿＿ しびれて立ち上がれない。

1 立ち上がろうにも　　　　　　　2 していたため
3 足が　　　　　　　　　　　　　4 正座を

4 うっかり ＿＿＿ ＿＿＿ ★ ＿＿＿ 白い目で見られる。

1 そんなことを　　2 周りから　　　3 しようものなら　　4 口に

5 ドラマの ＿＿＿ ★ ＿＿＿ ＿＿＿ DVDを全て見きってしまった。

1 一日で　　　　　2 一話目を　　　3 見始めたが最後　　4 我慢できず

6 夏目漱石は熊本の高校で英語教師 ＿＿＿ ＿＿＿ ★ ＿＿＿ 親しんだ。

1 かたわら　　　　　　　　　　　2 きょうべんをとる
3 俳句に　　　　　　　　　　　　4 として

7 一日中遊んでいた子供は ＿＿＿ ★ ＿＿＿ ＿＿＿ 眠ってしまった。

1 すぐ　　　　　　2 早いか　　　　3 ベッドに　　　4 つくが

8 地震の二次災害 ＿＿＿ ＿＿＿ ★ ＿＿＿ 住居を失った。

1 100万人からの　　2 火災で　　　3 による　　　4 人々が

9 『手紙』は涙 ＿＿＿ ＿＿＿ ★ ＿＿＿ 映画だ。

1 感動的な　　　　2 なくしては　　3 見られない　　4 切なく

10 いくら軽い ＿＿＿ ＿＿＿ ＿＿＿ ★ 度が過ぎている。

1 こととて　　　　2 やった　　　　3 つもりで　　　4 冗談の

　私の仕事は映画監督だ。学生時代に小遣い稼ぎ　1　始めた大道具づくりのアルバイトがきっかけでこの世界に足をいれて、早５０年以上になる。この仕事は生活が安定しない。にもかかわらず辞められないのは　2　本当にやりがいを感じられる職業だからだ。

　映画というものは一度撮影が始まると　3　スケジュールが待っている。監督としての心配の種は常に映画の製作費である。というのは、限られている製作費の中で全てをこなさなくてはならないからだ。妻には７０歳になった　4　、あまり無理をするなとたまに叱られるが、倒れるところまでは　5　、ちょっとやそっとのことで撮影を中断するわけにはいかないのだ。だから自然と殺人的なスケジュールになってしまう。

　私はできるだけ脚本選びの段階から俳優、撮影場所、衣装、美術といった全ての方面に気を配り準備を進める。ただ、どんなに　6-a　な　6-b　をしようと、その　7　予定通りに進まないのが常というものだ。その原因は色々あるが、これまでの私の経験からすると撮影が順調に進むか否かは　8　いかんだ。例えば、衣装ができあがり、衣装合わせ　9　現場でのカメラテストをしている最中に激しいスコールに遭い、撮影が数日延期になる。こういうことは特に東南アジアなど雨期がある地域では珍しいことではないそうだが、初めての海外ロケで大変動揺した記憶がある。また暑さで俳優やスタッフが体調を崩すことも度々あった。

　そういうわけで、実は今　10　関係なく撮影を進められる巨大な室内撮影所の建築を構想中だ。これは私だけではなく、後に続く映画人にとっても意義のあるものになるだろう。

1

1　ながら　　　　2　と　　　　　　3　がてら　　　　4　のように

2

1　きついのも　　2　きついのに　　3　きついから　　4　きついながらも

3

1 嵐のごとき　　2 風みたいに　　3 嵐のごとし　　4 風のごとく

4

1 ことだし　　　　　　　　2 ことと言うし
3 こととしても　　　　　　4 ことと言っても

5

1 許せるとしても　　　　　　2 いかないまでも
3 許せるわけがないにしても　　4 いくわけがないにしても

6

1 a 最善 ／ b 準備　　　　　2 a 準備的 ／ b 作戦
3 a 努力的 ／ b 作戦　　　　4 a 念入り ／ b 準備

7

1 術もなく　　　2 証拠もなく　　3 甲斐もなく　　4 跡形もなく

8

1 天候　　　　2 俳優　　　　3 脚本　　　　4 監督

9

1 ならいざ知らず　　　　　2 かたがた
3 しようものなら　　　　　4 するが早いか

10

1 大雨だったり大雪だったりするのは
2 大雨と大雪とは
3 大雨や大雪だけは
4 大雨だろうが大雪だろうが

21 **〜ことなしに** ~(하)지 않고

[접속] 동사 사전형

努力(どりょく)することなしに成功(せいこう)することはできない。

22 **〜なしに(は)** ~을 하지 않고(는), ~가 없이(는)

[접속] 명사

[설명] 앞에는 당연히 해야 할 일이나 있어야 할 것이 온다.

私(わたし)の部下(ぶか)はいつもあいさつなしに帰(かえ)ってしまう。

23 **〜ずくめ** ~일색, 전부 ~뿐

[접속] 명사

[설명] 「黒(くろ)ずくめ」「いいことずくめ」「ごちそうずくめ」 등 정형화된 표현으로 주로 사용된다.

全身(ぜんしんくろ)黒ずくめの男(おとこ)が家(いえ)の前(まえ)に立(た)っていた。

24 **〜ずじまい** ~하지 않고 말았음

[접속] 동사 ない형

[예외] 「する」는 「せず」가 된다.

予定(よてい)が合(あ)わなかったために結局友達(けっきょくともだち)と会(あ)えずじまいだった。

25 **〜なり** ~하자마자

[접속] 동사 사전형

[설명] 어느 동작에 이어서 바로 뒤의 동작을 하거나 무언가 예상치 못한 일이 일어나는 경우에 사용한다.

兄(あに)はいつも朝起(あさお)きるなりご飯(はん)を食(た)べだす。

26 **〜ならでは / 〜ならではの** ~가 아니고서는 / ~가 아니면 없을, ~만이 할 수 있는

[접속] 명사

[설명] 앞에 오는 명사에 대한 높은 평가를 나타내는 표현이다.

このイベントは芸術家(げいじゅつか)の彼(かれ)ならではの発想(はっそう)から生(う)まれました。

27 **～すら / ～ですら** ～조차, ～까지도

[接續] 명사

[說明] 극단적인 예를 들어 강조하는 표현이다.

この問題はクラスで一番頭のいい子ですら解けなかった。

28 **～そばから** ～하자 바로, ～하자 곧

[接續] 동사 사전형 · た형

[說明] 계속해서 똑같은 일을 반복해서 하는 모습을 나타낸다.

いつも聞いたそばから忘れてしまう。

29 **～だけまし** ～만으로도 다행임

[接續] [동사 / い형용사 / な형용사 / 명사]의 명사수식형

[說明] 좋지 않은 상황이지만 더 심해지지 않아 이 정도로도 다행이라는 의미다.

カバンをとられてしまったが、財布が無事だっただけましだ。

30 **ただ～のみ / ただ～のみならず**

① **ただ～のみ** 단지 ～뿐

[接續] ただ + [동사 사전형 / い형용사 기본형 / 명사] + のみ

子供はただ親の言うことを聞くのみだ。

② **ただ～のみならず** 단지 ～뿐 아니라

[接續] ただ + [동사 / い형용사]의 보통형 + のみならず

ただ + な형용사－である / 명사(또는 명사－である) + のみならず

彼女は私にとってただの友達のみならず、命の恩人でもある。

31 **～たところで** ～해 보았자, ～한들

[接續] 동사 た형

[說明] 역접의 가정표현이다. 가정한 내용이 소용없거나 도움이 되지 않는다는 판단을 나타낸다.

君が僕の味方になったところであまり助けにはならないだろう。

32 **～たなら～だろうに** 만일 ～라면 ～일 텐데

[接續] [동사 / い형용사 / な형용사 / 명사]의 과거보통형 + なら ～だろうに

[說明] '～하면(라면) 좋았을 것'이라는 유감스러움 또는 후회를 나타내는 표현이다.

足の早い君がリレーに出てくれていたなら優勝できただろうに。

33 ～だに

① 동사 사전형 + だに ～만으로

[설명] 「想像する」「考える」「思う」「聞く」 등의 한정된 동사에 접속하는 경우가 많다.

私が思うだに飛行機の燃油代は高すぎる。

② 명사 + だに ～조차, ～까지도

[설명] 뒤에 「～ない」가 연결되어 '～조차～(하)지 않다'는 의미를 갖는다.

[예외] 관용표현인 「夢にだに見ない / 思わない」의 경우 조사 「に」에 연결된다.

飛行機のような乗り物が作られるなんて500年前には夢にだに見なかったことだろう。

34 ～たりとも (비록) ～(이)더라도

[접속] 명사

[설명] 주로 최소 단위의 숫자를 나타내는 표현에 연결되어 강조하는 말이다.

海外で生活するときは何が起きても対応できるように、一瞬たりとも気を抜いてはならない。

35 ～たる ～인 (이상), ～이기 때문에

[접속] 명사

[설명] 어떤 입장이나 위치에 있으므로 그에 어울려야 함을 나타내는 표현이다. 단, 「断固、確固、惨憺」 등의 な형용사에 접속 하는 경우도 있다.

教師たるものは生徒一人一人、公平に指導していかなければならない。

36 ～つ～つ ～하거나 ～하거나

[접속] 동사 ます형 + つ + 동사 ます형 + つ

[설명] 대조적인 의미를 갖는 두 개의 동사, 혹은 한 개의 동사에서 능동형과 수동형을 짝지어 나타낸다.

관용적으로 쓰이는 표현은 「もちつもたれつ (서로 도우며)」「さしつさされつ (주거니 받거니)」 등이 대표적이다.

通勤時間の電車はすごい人で押しつ押されつ、やっとのことで降りることができた。

37 **～っぱなし** ^{~한 채}

[接続] 동사 ます형

[説明] 자동사에 연결되면 '~한 채 변화가 없음(계속)'을 나타내며, 타동사에 연결되면 '~한 채로 그 후에 아무것도 하지 않음(방치함)'을 나타낸다. 불만이나 비난의 심정을 포함하는 경우가 많다.

いくら掃除しろと言っても娘は聞かず、娘の部屋はいつもちらかり**っぱなし**だ。

38 **～であれ / ～であれ～であれ** ~든지, ~라 해도 / ~든 ~든 간에

[接続] 명사

晴れ**であれ**、雨**であれ**、明日の文化祭は行います。

39 **～てからというもの** ~하고 나서부터는

[接続] 동사 て형

彼女が引っ越し**てからというもの**憂鬱な日々が続いている。

40 **～てでも** (설령) ~해서라도

[接続] 동사 て형

[説明] 뒤에 나올 일을 실현하기 위해 극단적인 수단을 이용할 때 사용하는 표현이다.

熱があってとてもしんどいが、今日は大事な試験の日なので這っ**てでも**行くつもりだ。

問題5 次の文の（　　　）に入れるのに最もよいものを、1・2・3・4から一つ選びなさい。

1 今月は仕事が忙しく1日も休む（　　　）働いた。

　　1 かいもなく　　　　2 ことなしに　　　3 かたわら　　　4 ところを

2 今はただ彼の無事を祈る（　　　）です。

　　1 のみ　　　　　　　2 てまえ　　　　　3 やら　　　　　　4 なり

3 病院に行きたがらない娘ですが、今日は（　　　）病院に行かせるつもりです。

　　1 引きずってでも　　　　　　　　2 引きずるに即しても

　　3 引きずらないまでも　　　　　　4 引きずるかいもなく

4 友達が結婚（　　　）会える機会が少なくなってしまった。

　　1 した割には　　　　　　　　　　2 したとはいえ

　　3 したところで　　　　　　　　　4 してからというもの

5 玄関にはいる（　　　）、いつもと違う気配に気付いた。

　　1 ごとし　　　　　　2 いかんでは　　　3 なり　　　　　　4 にして

6 もっと早く帰ってきて（　　　）彼女に会えただろうに。

　　1 いたなら　　　　　2 いてまで　　　　3 いながらも　　　4 いようにも

7 この不景気で、解雇される人も多いのに僕たちは会社で働けている（　　　）。

　　1 にはあたらないよ　　　　　　　2 だけましだよ

　　3 にかたくないよ　　　　　　　　4 にこしたことはないよ

8 窓を（　　　）寝たので、風邪を引いてしまった。

1 開けるべく　　　　　　　　　　　　　2 開けがてら

3 開けてまで　　　　　　　　　　　　　4 開けっぱなしで

9 あなたのことを一秒（　　　）忘れることができません。

1 たりとも　　　　　2 こととて　　　　　3 にして　　　　　4 かぎり

10 仲間の協力（　　　）、実験を成功させることはできなかっただろう。

1 かたわら　　　　　2 なしには　　　　　3 とあれば　　　　　4 をもって

11 私の息子は好き嫌いがなく、野菜（　　　）納豆（　　　）何でも食べます。

1 ゆえ　　　　　2 のみ　　　　　3 であれ　　　　　4 こそ

12 教授（　　　）なかなか成功できなかった研究に成功した。

1 ともなく　　　　　2 にとどまらず　　　　3 ですら　　　　　4 ながらも

13 ここまできて今更やめたいと言った（　　　）どうにもならない。

1 ところで　　　　　2 かいもなく　　　　　3 とばかりに　　　　4 にもまして

14 当ホテル（　　　）サービスを存分に堪能してください。

1 を皮切りにした　　　　　　　　　　　2 といい

3 かたがた　　　　　　　　　　　　　　4 ならではの

15 子供が親を殺すなど、想像する（　　　）恐ろしい事件だ。

1 だに　　　　　2 てまえ　　　　　3 ときたら　　　　　4 ゆえ

16 警察官（　　　）ものは国民が安心して生活できることを第一に考えて
いかなければならない。

1 をおす　　　　　2 に至る　　　　　3 にある　　　　　4 たる

17 私の大学生活は楽しいこと（　　　）だった。

1 まみれ　　　　　2 まじき　　　　　3 ずくめ　　　　　4 ごとき

18 私たちは昔から持ち（　　　）持たれ（　　　）の関係です。

1 つ　　　　　　　2 ず　　　　　　　3 て　　　　　　　4 で

19 ケーキを作った（　　　）息子に食べられた。

1 そばから　　　　2 てまえ　　　　　3 といい　　　　　4 ときたら

20 高い化粧品を買ったものの、結局使わ（　　　）鏡台の上に置いてある。

1 んなりに　　　　2 ずじまいで　　　3 ずにはおかず　　4 んがための

問題6 次の文の ___★___ に入る最もよいものを、1・2・3・4から一つ選びなさい。

1 自然の ＿＿＿ ＿★＿ ＿＿＿ ＿＿＿ という気持ちにはならないだろう。

1 自然を　　　　　　　　　　　　2 守ろう
3 素晴らしさを　　　　　　　　　4 知ることなしに

2 納豆はビタミンを多く含む上に脳卒中を予防するなどの ＿＿＿ ＿＿＿ ＿＿＿ ＿★＿ 食品だ。

1 効果があり　　　　2 良いこと　　　　3 ずくめの　　　　4 体には

3 1年ぶりに実家に帰ると、私の ＿＿＿ ＿★＿ ＿＿＿ ＿＿＿ 飛びついてきた。

1 私に　　　　　　　2 顔を　　　　　　3 見るなり　　　　4 犬のシロが

4 私は旅行に出ると、必ず ＿＿＿ ＿＿＿ ★ ＿＿＿ ことにしている。

1 ならではの　　　　2 現地　　　　　　3 食べる　　　　　4 郷土料理を

5 希望する企業への就職は難しいが、＿＿＿ ＿＿＿ ★ ＿＿＿。

1 思う　　　　　　　　　　　　2 仕事があるだけ
3 ましだと　　　　　　　　　　4 この不況の中で

6 もっと若い時に ＿＿＿ ＿＿＿ ＿＿＿ ★ いなかっただろう。

1 時間の　　　　　　2 遊んでばかり　　3 知っていたら　　4 大切さを

7 ワールドカップの出場権を得るには予選で ＿＿＿ ＿＿＿ ★ ＿＿＿。

1 負ける　　　　　　2 一度たりとも　　3 いかない　　　　4 わけには

8 情報が現代において不可欠なものだ ＿＿＿ ＿＿＿ ★ ＿＿＿ だ。

1 ということは　　　2 事実　　　　　　3 確固　　　　　　4 たる

9 男 ＿＿＿ ＿＿＿ ★ ＿＿＿ 健康ならば　何も言うことはない。

1 赤ちゃんが　　　　　　　　　2 であれ
3 女であれ　　　　　　　　　　4 産まれてくる

10 近所に大型スーパーが ★ ＿＿＿ ＿＿＿ ＿＿＿ 遠退いてしまった。

1 できてから　　　　2 すっかり　　　　3 というもの　　　4 客足が

 次の文章を読んで、　1　から　10　の中に入る最もよいものを、
1・2・3・4から一つ選びなさい。

　近年、家庭の教育力の低下が叫ばれている。教育力とはつまり、しつけのことである。街で、同じ年代の私　1　眉をひそめてしまうようなマナーや常識のない若者を目にすることが度々ある。コンビニで商品を　2　店の前でたむろって食べ、その後、飲みかけ、食べかけのものを　3　でその場を去る。あるいは電車の中で化粧をする。こういった行為はただ、　4-a　のみならず　4-b　まで疑われかねない。現在の家庭の教育力の低下の原因は、社会構造の変化　5　、語ることができない。現代日本社会は、特に戦後、　6　急成長を遂げ、都市化、少子化、核家族化が進み、地域とのつながりの減少が見られるようになった。その結果、自己中心的な本音や現実利益が優先され、子供たちは、他人のためにしなければならないことがある、といった倫理観念を　7　社会に出てしまうようになったのである。ということは、単に家庭の教育力だけに焦点をあて、それが多少　8　ところで、お互いが　9　という昔の地域社会生活の中で育まれたような、コミュニケーション上のマナーや他人への敬意を持った人間が育つには、なかなか無理があるのではないかというのが私の考えだ。

　そのゆえに、仮に日本人のマナー回復を試みるのであれば、たとえ大変な苦労を　10　地域社会の持つ機能の再生と同時に家庭教育の反省とともに学習機会の提供にも力を入れていくべきだと思う。

　1

　　1　な　　　　　　　2　なら　　　　　　3　ですら　　　　4　なりに

　2

　　1　買ったそばから　　　　　　　2　買った甲斐もなく
　　3　買ったが最後　　　　　　　　4　買ったことだし

3

1 諦めっぱなし　　　　2 味わいっぱなし
3 任せっぱなし　　　　4 放りっぱなし

4

1 a 本人の品性 ／ b 親のしつけ方
2 a 親の品性 ／ b 本人の前途
3 a 親のしつけ方 ／ b 本人の善良さ
4 a 本人の品性 ／ b 親の事情

5

1 のせいにして　2 によっては　　3 なしには　　　　4 ならいざ知らず

6

1 すばしこい　　　　　2 想像だにしなかったほどの
3 把握しにくい　　　　4 見渡す限りの

7

1 明白にして　　　　　2 身につけ始めて
3 棚に上げて　　　　　4 身につけずじまいで

8

1 責任を持った　2 回復した　　　3 揃った　　　　4 快適だった

9

1 侵略しつつされつつ　　2 やりつやられつ
3 干渉しつつされつつ　　4 補充しつつされつつ

10

1 買ってでも　　　　　2 引き受けようが
3 買うかたわら　　　　4 引き受けたなら

41 **～でなくて何<ruby>何<rt>なん</rt></ruby>だろう / ～でなくて<ruby>何<rt>なん</rt></ruby>であろう** ～가 아니고 무엇이겠는가, 바로 ～이다

접속 명사

こんなに<ruby>何回<rt>なんかい</rt></ruby>も<ruby>出会<rt>であ</rt></ruby>うなんて、これが<ruby>運命<rt>うんめい</rt></ruby>でなくて<ruby>何<rt>なん</rt></ruby>だろうか。

42 **～ては～、～ては～** ① ～해서는 ～하고, ～해서는 ② 몇 번이나 ～해서

접속 동사 て형 + は + 동사 ます형, 동사 て형 + は

설명 두 가지 동작을 몇 번이나 반복하는 모습을 나타낸다.

<ruby>小<rt>ちい</rt></ruby>さい<ruby>頃<rt>ころ</rt></ruby>は<ruby>友達<rt>ともだち</rt></ruby>と<ruby>遊<rt>あそ</rt></ruby>んでは<ruby>喧嘩<rt>けんか</rt></ruby>し、また<ruby>遊<rt>あそ</rt></ruby>んでは<ruby>喧嘩<rt>けんか</rt></ruby>したものだ。

43 **～ではあるまいし / ～じゃあるまいし** ～인 것도 아닌데, ～가 아니기 때문에

접속 동사 사전형·た형 + の(또는 ん) ‖ 명사

もう<ruby>小<rt>ちい</rt></ruby>さい<ruby>子供<rt>こども</rt></ruby>じゃあるまいし、そんなに<ruby>心配<rt>しんぱい</rt></ruby>しないでよ。

44 **～てはかなわない** ～(해서)는 참을 수 없다, ～(해서)는 해낼 수 없다

접속 동사 て형 ‖ い형용사–くて ‖ な형용사–で ‖ 명사–で

ここは<ruby>図書館<rt>としょかん</rt></ruby>なのでうるさくされてはかないません。

45 **～てまえ**

① **동사 사전형·た형 + てまえ** ～하는 이상은, ～한 이상은
<ruby>友達<rt>ともだち</rt></ruby>に<ruby>言<rt>い</rt></ruby>い<ruby>出<rt>だ</rt></ruby>したてまえ、とても<ruby>断<rt>ことわ</rt></ruby>れない<ruby>状況<rt>じょうきょう</rt></ruby>になってしまった。

② **명사–の + てまえ** 바로 앞
あの<ruby>大<rt>おお</rt></ruby>きなビルのてまえで<ruby>降<rt>お</rt></ruby>ろして<ruby>下<rt>くだ</rt></ruby>さい。

46 **～てまで** ～해서까지

접속 동사 て형

설명 어떠한 목적을 위해 보통 생각할 수 있는 것 이상의 일을 하는 것을 나타낸다.

<ruby>借金<rt>しゃっきん</rt></ruby>してまでその<ruby>車<rt>くるま</rt></ruby>が<ruby>欲<rt>ほ</rt></ruby>しいのかい？

47 ～にかたくない 간단히 ～할 수 있다, ～하기에 어렵지 않다

접속 동사 사전형 ‖ 명사

なぜ彼女があのとき逃げたのか事件の状況を考えてみれば理解にかたくない。

48 ～んがため(に) / ～んがための ～하고 싶기 때문에, ～하려고 생각해서 / ～하고 싶은, ～하려고 하는

접속 동사 ない형

설명 목적을 강조하는 표현이다.

예외 「する」는 「せんがため」가 된다.

夢を実現させんがため、彼は必死で勉強した。

49 ～をよそに ～을 생각하지 않고, ～에 개의치 않고

접속 명사

息子は親の心配をよそに毎晩遅くまで遊んでいる。

50 ～と相まって ～와 함께, ～와 더불어

접속 명사

설명 앞에 오는 두 가지 명사가 함께 작용하여 그 상태가 더욱 더 진행되거나 효과가 나타나는 것을 표현한다.

彼女の声が後ろの演奏と相まって素晴らしいハーモニーを醸し出している。

51 ～とあって / ～とあれば ～라서 / ～라면

접속 [동사 / い형용사 / な형용사 / 명사]의 보통형

설명 평소와는 다른 특별한 상황이 이유·조건이 되는 것을 나타내는 표현이다.

半額セールとあって百貨店は人で溢れかえっている。

52 ～といい～といい ～도 그렇고 ～도 그렇고

접속 명사 + といい + 명사 + といい

설명 두 개의 명사는 대조적이거나 유사한 내용을 예시한다.

最近父といい、母といい、勉強しろとしか言わなくなった。

53 **〜にして**

① **명사 ＋ にして** ① ～이 되어서, ～에 와서(단계) ② ～이면서, ～면서도(병립)

彼は優秀な発明家にして優秀な政治家でもある。

② **な형용사 어간 / 명사 / 부사 ＋ にして** ～라는 상황에서, ～하게도

妹はうまれながらにして体が弱かった。

54 **〜というもの** ～부터 계속

[接続] 동사 てから ‖ (기간을 나타내는) 명사

母が病気で倒れてからというもの父が家のことをよくやるようになった。

55 **〜といえども** ～라고 해도

[接続] [동사 / い형용사 / な형용사 / 명사]의 보통형

[説明] 역접의 의미를 갖는 문장체적 표현이다.

高い技術のある選手であるといえども成績が悪いときもある。

56 **〜に即して(は) / 〜に即しても / 〜に即した** ～에 입각해서(는) / ～에 입각해서도 / ～에 입각한

[接続] 명사

事実に即して昨日の事件について話してください。

57 **〜と思いきや** ～라고 생각했는데 (사실은 ～가 아니다)

[接続] [동사 / い형용사 / な형용사 / 명사]의 보통형

これで事件が終わったと思いきや、また別の場所で事件が起こって行かなければならなくなった。

58 **〜ときたら** ～로 말하면

[接続] 명사

[説明] 특별히 화제로 들어 말하는 경우 사용한다. 뒤에는 주로 부정적이거나 비난의 말이 온다.

最近隣の家の人ときたら、毎日夜中まで喧嘩してるのよ。

59 **～ところを** ～(할) 때에, ～(한) 상황에

[접속] 동사 사전형·た형 ‖ い형용사 사전형 ‖ な형용사－な ‖ 명사－の

[설명] 상대의 상황을 배려하는 표현으로 이야기의 서두에 사용하는 경우도 많다.

お忙しいところを申し訳ありませんが、少々お話を聞いていただけませんか？

60 **～としたところで / ～としたって / ～にしたところで / ～にしたって**

～해 보았자, ～한다 해도

[접속] [동사 / い형용사 / な형용사 / 명사]의 보통형

[설명] 입장이나 조건, 상황 등을 생각할 때의 표현이다. 뒤에는 부정적인 내용이 오는 경우가 많다.

住むところにしたって、すぐに見つけるのは難しい。

問題5 次の文の（　　　）に入れるのに最もよいものを、１・２・３・４から一つ選びなさい。

1 息子が留学してから（　　　）家族の口数が少なくなった。
　1 であれ　　　　　　　　　　　　2 が最後
　3 というもの　　　　　　　　　　4 ではあるまいし

2 大口を叩いた（　　　）、ひきさがれなくなった。
　1 てまえ　　　　2 かいもなく　　　3 かたわら　　　4 ことだし

3 実情（　　　）対策を練らなければならない。
　1 にとどまらず　　2 に即した　　　3 とばかりに　　　4 を経て

4 体調がよくなった（　　　）、また倒れてしまった。
　1 とはいえ　　　　2 のみならず　　3 こととて　　　　4 と思いきや

5 そんなに適当に仕事を（　　　）。
　1 しないでもありません　　　　　　2 されてはかないません
　3 してやみません　　　　　　　　　4 するといったらありゃしない

6 模様替え（　　　）家具の位置を全部変える必要はなかったんだ。
　1 にしたって　　　　　　　　　　　2 のなんのと
　3 かたがた　　　　　　　　　　　　4 しようものなら

7 小さい頃は電車を見（　　　）喜んでいた。
　1 てでも　　　　　　2 るなりに　　　3 ればこそ　　　　4 ては

8 この絵本は暖かみのある絵（　　　）独特の世界観を作っている。

1 をおして　　　　　2 と相まって　　　　3 にかこつけて　　　4 をふまえて

9 彼女（　　　）、甘いものにいつも目がない。

1 ごときに　　　　　2 ときたら　　　　　3 ずくめに　　　　　4 ですら

10 再び戦争が起きれば、前以上の死傷者が出ることは想像（　　　）。

1 にかたくない　　　　　　　　　　2 極まりない
3 するべからず　　　　　　　　　　4 するきらいがある

11 お忙しい（　　　）お呼び止めして本当に申し訳ありません。

1 割に　　　　　　　　2 のなんのと　　　　3 ところを　　　　　4 ともなると

12 他の選手に（　　　）、毎日厳しい特訓をした。

1 勝とうものなら　　　　　　　　　2 負けたかいもなく
3 勝たんがため　　　　　　　　　　4 負けずじまいで

13 来月オープンするダックズは人気のブランド店（　　　）、多くの注目を集めています。

1 を限りに　　　　　　　　　　　　2 とあって
3 にもまして　　　　　　　　　　　4 もさることながら

14 テストで必ず100点をとる彼が天才（　　　）。

1 でなくてなんだろう　　　　　　　2 なんてよく言えるね
3 のきらいがある　　　　　　　　　4 と言ったところだろう

15 彼は上司の心配（　　　）、新しいプロジェクトをどんどん進めた。

1 をよそに　　　　　2 はおろか　　　　　3 をおして　　　　　4 であれ

16 いくら普段おとなしい彼（　　　　）、腹の立つことがあるだろう。

　1 にあって　　　　　2 をもって　　　　　3 といえども　　　　4 ともなると

17 新入社員（　　　　）、こんな簡単なミスをされては困るよ。

　1 をおいて　　　　　　　　　　　　2 にひきかえ
　3 なくしては　　　　　　　　　　　4 じゃあるまいし

18 私の父は小説家（　　　　）大学の教授でもある。

　1 にして　　　　　2 たりとも　　　　　3 なしには　　　　　4 がてら

19 山田君（　　　　）、松本君（　　　　）、私の話を聞いてくれようとしない。

　1 から　　　　　2 とも　　　　　3 といい　　　　　4 さえ

20 同僚を裏切っ（　　　　）昇進したいのか？

　1 て見せて　　　　　2 てまで　　　　　3 ては　　　　　4 てやまず

問題6 次の文の ＿＿★＿＿ に入る最もよいものを、1・2・3・4から一つ選びなさい。

1 皆一様に同じ ＿＿＿ ＿＿＿ ＿★＿ ＿＿＿ なんであろう。

　1 着なければ　　　　　2 いけないことが　　3 強制でなくて　　　　4 制服を

2 ＿＿＿ ＿＿＿ ＿★＿ ＿＿＿ に土足で入られてはかなわない。

　1 外国人　　　　　2 いくら　　　　　3 とはいえ　　　　　4 畳の部屋

3 再雇用して ＿＿＿ ＿★＿ ＿＿＿ ＿＿＿ を切り出せない。

　1 てまえ　　　　　2 退職の話　　　　　3 もらった　　　　　4 簡単に

4 外国に子供を留学させている ＿＿＿＿ ＿＿＿＿ ＿＿＿＿ ＿★＿＿ 。

　1 想像に　　　　　　2 心配は　　　　　　3 親の　　　　　　4 かたくない

5 ＿＿＿＿ ＿＿＿＿ ＿★＿＿ ＿＿＿＿ 、国境を越えて協力する。

　1 世界を　　　　　　2 作らんが　　　　　3 ために　　　　　4 平和な

6 日本での ＿＿＿＿ ＿＿＿＿ ＿★＿＿ ＿＿＿＿ 発売から5分もたたずに完売した。

　1 あって　　　　　　　　　　　　　　　　2 10年ぶりの
　3 コンサートと　　　　　　　　　　　　　4 そのチケットは

7 沖縄の澄んだ海で ＿＿＿＿ ＿★＿＿ ＿＿＿＿ ＿＿＿＿ なってしまった。

　1 虜に　　　　　　　　　　　　　　　　　2 というもの
　3 泳いでから　　　　　　　　　　　　　　4 スキューバダイビングの

8 この課では ＿＿＿＿ ＿＿＿＿ ＿★＿＿ ＿＿＿＿ 学びます。

　1 表現を　　　　　　2 即した　　　　　　3 日常生活に　　　　4 日本人の

9 ＿＿＿＿ ＿＿＿＿ ＿＿＿＿ ＿★＿＿ テレビドラマの中の音だった。

　1 家の　　　　　　　2 鳴った　　　　　　3 呼び鈴が　　　　　4 と思いきや

10 目的もなく ＿＿＿＿ ＿＿＿＿ ＿★＿＿ ＿＿＿＿ で得るものは少ないだろう。

　1 ばかり　　　　　　2 留学　　　　　　　3 苦労する　　　　　4 したところで

有紀子さんへ

　お久しぶりです。寒さも増してきましたが、お変りなくお過ごしですか？今日は相談があって連絡します。家族がいるてまえ、家では話がしにくいのでメールで失礼します。

　実は、うちの主人[1]もうすぐ50歳になるのに、会社を辞めて寿司屋を開きたいと言い出したんです。最近のベンチャー振興の[2]も相まってか、雑誌や新聞で企業家の成功談を[3-a]「俺もこうなりたい」、４０歳代でもまだプロの世界で活躍しているスポーツ選手を[3-b]「[4]まだまだいける、男はこれからが勝負だ。」なんて言うんです。この前なんか、私たち家族に内緒で会社に退職届を[5]直前に気付いて止めたんです。仮に、寿司屋として第二の人生をスタートさせたとして、絶対にうまくいくという[6]があるわけじゃあるまいし、会社を[7]実現させる価値があるものなのかと悩んでいます。まあ、孔子の言葉にも「50[8]天命を知る」とありますし、今まで家族の為に一生懸命尽くしてきてくれた夫のことを考えると、これまで諦めようとしたけれど諦めきれなかったというのであれば私も覚悟を決めようと思っています。ただ、二人の子供はまだ高校生ですし、[9-a]といい、これから先の[9-b]といい、心配事は多いです。まぁ、そんな私の[10]当の本人は隣りの部屋でテレビを見て大笑いして呑気なものです…。

　長くなりましたが、有紀子さんも確か数年前同じ状況だったと記憶しており、何かアドバイスをいただけたらと思います。

さやか

[1]

　　1 ならでは　　　2 と思いきや　　3 であれば　　　4 ときたら

[2]

　　1 風潮　　　　　2 根性　　　　　3 懸念　　　　　4 崩壊

③

1 a 発見しては ／ b 融通しては
2 a 読んでは ／ b 見ては
3 a 見ては ／ b 狙っては
4 a 目にしては ／ b 志しては

④

1 50になるから　　　　　　2 50ともなると
3 50になるとあれば　　　　4 50になるといえども

⑤

1 出す以上は　　　　　　　2 出すとあって
3 出そうとしていたところを　4 出したとたん

⑥

1 保障　　　　2 補償　　　　3 保証　　　　4 舗装

⑦

1 辞めてまで　　　　　　　2 謝絶してまで
3 逃れてまで　　　　　　　4 放り出してまで

⑧

1 なので　　　2 であったら　3 でさえ　　　4 にして

⑨

1 a 交際費 ／ b 授業料　　2 a 開店資金 ／ b 学費
3 a 生活費 ／ b 小銭　　　4 a 運営資金 ／ b 交際費

⑩

1 批判をしたところで　　　2 同情をするかたわら
3 心配をよそに　　　　　　4 非難をするそばから

61 **～とは** ～라니, ～라고는

접속 [동사 / い형용사 / な형용사 / 명사]의 보통형

私にとって家族とはかけがえのないものです。

62 **～とはいえ** ～라고 해도

접속 [동사 / い형용사 / な형용사 / 명사]의 보통형

설명 앞의 일로부터 예상·기대되는 것과 결과가 어긋나는 경우 사용한다.

ここのレストランは高いとはいえ本当においしいので人気があります。

63 **～とばかりに** ～라는 듯이, 마치~인 것처럼

접속 동사 보통형·명령형 ∥ [い형용사 / な형용사 / 명사]의 보통형

설명 상대가 아무래도 ～라고 말하고 싶은 듯한 모습으로 보일 때 사용한다.

今がチャンスとばかりに相手のチームを攻撃した。

64 **～ともなく / ～ともなしに** 특별히~할 생각도 없이

접속 동사 사전형

설명 앞뒤에 같은 내용을 나타내는 동사가 오는 경우가 많다.

何をするともなく、一日中ボーッとしていた。

65 **～ともなると / ～ともなれば** ～이 되면 (당연히)

접속 동사 사전형 ∥ 명사

9月ともなれば、暑さが和らいで過ごしやすくなる。

66 **～あっての** ～가 있음으로 해서

접속 명사 + あっての + 명사

설명 「A あっての B」의 형태로 'A가 있음으로 해서 B가 존재한다'는 의미로 사용된다.

お客あっての商売なので、できるかぎり客の要望に応える努力をするべきだ。

67 **～の至り** 다시없는～, ～하기 그지없음

接続 명사

今回彼のしたことは若気の至りと思って、許してあげてください。

68 **～にもまして** ～보다 더, ～이상으로

接続 [동사 / い형용사 / な형용사]의 명사수식형 + の ‖ 명사

彼女は前にもましてきれいになった。

69 **～をもって** ① ～으로(시작과 끝의 시간·기한) ② ～에 의해, ～을 사용하여(수단·방법)

接続 명사

これをもって、セミナーを終わらせていただきます。
これは、わが社が自信をもってすすめる新商品です。

70 **～を経て** (단계·과정 등)～을 지나, ～을 경과하여

接続 명사

10年の歳月を経て、工場が完成した。

71 **～を皮切りに(して) / ～を皮切りとして** ～을 시작으로 (해서) / ～을 시작으로 해서

接続 [동사 사전형·た형] + の ‖ 명사

説明 그 후에 같은 일이 계속해서 일어나는 경우에 사용한다.

父は本屋の店長の成功を皮切りに十数年のうちに有名な実業家になった。

72 **～ながらに** ～면서

接続 동사 ます형 ‖ 명사

説明 주로 「居ながらに」「生まれながらに」「涙ながらに」 등 한정된 표현으로 쓰인다.

子供ながらに、堂々としたスピーチであった。

73 **～をふまえて** ～에 근거해서, ～에 입각해서

接続 명사

前回話していた内容をふまえて会議を始めたいと思います。

74 ～の極み ～의 끝, 둘도 없는～

[접속] 명사

こんなに高い料理が食べられるなんて贅沢の極みだ。

75 ～なくはない / ～ないでもない ～(하)지 않는 것은 아니다 / ～하지 않는 것도 아니다

[접속] 동사 ない형

[설명] '전적으로 ～라고는 생각하지 않는다'는 의미다.

君がそこまで言うなら行かないでもない。

76 ～のなんのと ～느니 어쩌니

[접속] [동사 / い형용사 / な형용사 / 명사]의 보통형

[설명] 자신에게 유리한 이유와 변명을 할 때의 표현이다.

あの客はさっきからサービスが悪すぎるのなんのと文句ばかり言っている。

77 ～んだって ～라던데

[접속] [동사 / い형용사 / な형용사 / 명사]의 보통형

[설명] 다른 사람에게 들은 것을 또 다른 사람에게 전달할 때 사용한다. 회화에서 허물없이 사용하는 표현이다.

先輩が来月会社を辞めるんだって。

78 ～んばかりだ / ～んばかりに / ～んばかりの

마치～하는 것 같다, 당장이라도～할 것 같다 / 마치～하는 듯이, 당장이라도 ～할 듯이 /
마치～할 것 같은, 당장이라도～할 듯한

[접속] 동사 ない형

[설명] 「～と言わんばかり」는 실제로 그렇게 말한 것은 아니지만 태도 등을 통해 그렇게 느끼는 것을 나타내는 표현이다.

　주로 모습, 태도, 표정 등을 나타내는 말과 함께 사용된다.

[예외] 「する」는 「せんばかり」가 된다.

店員は早く帰れと言わんばかりに店の掃除を始めた。

79 **〜なり〜なり** ～든지 ～든지

접속 동사 사전형 + なり + 동사 사전형 + なり ‖ 명사 + なり + 명사 + なり

大学に行く**なり**働く**なり**、あなたの好きにすればいい。

80 **〜なりに / 〜なりの** ～나름대로 / ～나름대로의

접속 [동사 / い형용사 / な형용사 / 명사]의 보통형

예의 な형용사나 명사에 접속하는 경우 「だ」는 붙지 않는다.

このようなことをしたのも何か彼**なりの**理由があったんだと思います。

問題5 次の文の（　　　）に入れるのに最もよいものを、１・２・３・４から一つ選びなさい。

1　今月（　　　）、本社が移転することになりました。

　1 をよそに　　　　　2 をもって　　　　　3 をおいて　　　　　4 をおして

2　新人（　　　）、とても分かりやすいプレゼンテーションだった。

　1 にあって　　　　　2 はおろか　　　　　3 ながらに　　　　　4 に即して

3　息子はお腹が痛い（　　　）理由をつけては塾をサボろうとする。

　1 なりに　　　　　2 割に　　　　　3 や否や　　　　　4 のなんのと

4　このような素晴らしい賞をいただけるなんて光栄（　　　）です。

　1 の至り　　　　　2 いかん　　　　　3 ずくめ　　　　　4 まで

5　君が謝るというなら許さ（　　　）。

　1 ないといったところだ　　　　　　　　2 ないにこしたことはない
　3 なくはないがね　　　　　　　　　　　4 ないではおかない

6　いくら体が丈夫（　　　）、こんな真冬に半袖で出かけるなんてどうかしている。

　1 と思いきや　　　　　2 ときたら　　　　　3 とはいえ　　　　　4 とばかりに

7　これは私（　　　）考えて出した結論です。

　1 なりに　　　　　2 にして　　　　　3 に至っても　　　　　4 ならではの

8 久しぶりに会った彼は以前（　　　）よく働いていた。

1 ときたら　　　　2 にもまして　　　3 にとどまらず　　4 にたえず

9 地元で働く（　　　）東京に出て働く（　　　）好きなようにしなさい。

1 なり　　　　　　2 べく　　　　　　3 やら　　　　　　4 とて

10 何かを話す（　　　）、じっと空を眺めていた。

1 ごとく　　　　　2 そばから　　　　3 といえども　　　4 ともなく

11 このグループは、東京（　　　）全国でライブを行うことが決定しました。

1 にかかわる　　　2 を皮切りに　　　3 と相まって　　　4 のかたわら

12 総理大臣がまた代わる（　　　）。

1 んだって　　　　　　　　　　　2 にたえないよ

3 しまつよね　　　　　　　　　　4 といったらないよね

13 中学生（　　　）、親が何も言わなくても身の回りのことは自分でするように
なる。

1 ともなれば　　　2 と思いきや　　　3 をよそに　　　4 たりとも

14 相手が弱気になっていると感じたのでここぞ（　　　）反論した。

1 がてら　　　　　2 ときたら　　　　3 の割に　　　　　4 とばかりに

15 私たちが今置かれている状況（　　　）議論していきたいと思います。

1 に足る　　　　　2 をふまえて　　　3 ですら　　　　　4 をよそに

16 こんな盛大に誕生日を祝ってもらえるなんて感激（　　　）です。

1 まみれ　　　　　2 の極み　　　　　3 の至り　　　　　4 ずくめ

17 私にとって仕事（　　　）人生の一部である。

1 ならでは　　　　　2 にして　　　　　3 とは　　　　　　4 であって

18 会場は（　　　）の客で埋め尽くされていた。

1 あふれっぱなし　　　　　　　　　2 あふれんばかり
3 あふれんてまえ　　　　　　　　　4 あふれんがための

19 20年の時（　　　）、私たちは再会した。

1 を経て　　　　　2 と相まって　　　　3 にかこつけて　　　4 をおして

20 社長（　　　）会社なんですから、社長がしっかりしてもらわないと困ります。

1 であれ　　　　　2 にかかわる　　　　3 あっての　　　　　4 にたえない

 次の文の ＿★＿ に入る最もよいものを、1・2・3・4から一つ選びなさい。

1 金メダルをとった ＿＿＿ ＿＿＿ ＿★＿ ＿＿＿ 強豪を相手に奮闘している。

1 続け　　　　　2 他の選手も　　　　3 とばかりに　　　4 田村選手に

2 ＿＿＿ ＿＿＿ ＿★＿ ＿＿＿ 公衆電話の需要もある。

1 携帯電話が　　　2 まだ　　　　　　3 とはいえ　　　　4 普及した

3 家の隣りの ＿★＿ ＿＿＿ ＿＿＿ ＿＿＿ 猫が集まってくる。

1 夕方になると　　2 どこから　　　　3 空き地には　　　4 ともなく

4 ご多忙の中、イベントに出席していただき ＿＿＿ ＿＿＿ ＿★＿ ＿＿＿
です。

1 恐縮の　　　　　2 感謝を　　　　　3 至り　　　　　　4 通り越して

5 雨の日の運転は ＿＿＿ ★ ＿＿＿ ＿＿＿ が必要です。

1 安全への　　　　　2 心掛け　　　　　3 にも増して　　　　4 普段

6 ヘレン・ケラーは ＿＿＿ ＿＿＿ ★ ＿＿＿ こと、読むことができなかった。

1 ながらに　　　　　2 生れ　　　　　3 見ること　　　　4 聞く

7 あんなに才能がある彼が、事故が ＿＿＿ ＿＿＿ ★ ＿＿＿ だ。

1 極み　　　　　　　　　　　　　　2 もとで
3 二度とプレーできないのは　　　　4 残念の

8 彼と彼女は ＿＿＿ ★ ＿＿＿ ＿＿＿ していたくせに先日結婚した。

1 別れるの　　　　　2 さんざん　　　　3 なんのと　　　　4 喧嘩ばかり

9 紀元前 ＿＿＿ ＿＿＿、 ★ ＿＿＿。

1 10ヶ月　　　　　2 だったんだって　3 1年は304日　　　4 735年頃は

10 勇気を出して一緒に ＿＿＿ ＿＿＿ ★ ＿＿＿ 恋人関係には発展しなかった。

1 してみたが　　　　2 食事に　　　　3 帰るなり　　　　4 誘うなり

　1998年、東京代々木体育館のスケートリンク。演技を終えた全てのフィギュアスケートの選手が一列に観衆に向かって挨拶をすると、会場は　1　に包まれた。冬季長野オリンピックが開催された当時高校1年生だった私は、「メダリスト・オン・アイス」というアイススケートショーを友達と一緒に見に行った。この　2　オリンピックでメダルを獲得した選手たちのことを指す。そんな選手たちを一度に　3　チケットを入手するのも　4　が、数回にわたるチケットセンターへの架電(注1)　5　どうにか数枚手に入れることができた。アイドルのコンサートなどをTVで見ていると好きな歌手の名前や応援メッセージの入ったプラカード(注2)が映し出されるが、例に漏れず、私たちも　6　一生懸命作り、当日は中継のカメラに映る気満々だった。ところが実際は席も後方で、他のプラカードよりも地味で目立つことはなかった。私たちはそのアイスショーを　7　に近くでフィギュアスケートの大会やアイスショーが開催される度に前の　8　作ったそれを持って応援に行くようになった。しかし、そうやって好きな選手のおっかけ(注3)をするのも高校3年になる春　9　終りを迎えた。そう、私たちにも進路に備える時期がやってきてしまったからだ。あれから10年。今もフィギュアスケートに対する熱は冷めてはいないが、あの時の「おっかけ」という行為は私にとっては　10　があってのものだったなぁと懐かしくあの当時を振り返る。

（注1）架電：電話をかけること

（注2）プラカード：placard 広告・公示・スローガンなどの張り紙、掲示

（注3）おっかけ：追いかけること
　　　　　　　　有名人の行くところ行くところを追いかけていく熱狂的なファン

1

1　張り裂けんばかりの雰囲気　　　2　割れんばかりの拍手

3　泣き出さんばかりの熱気　　　　4　不思議なほどの情熱

2

　1 アイススケートショーとは　　　2 スケートリンクとは
　3 メダリストとは　　　　　　　　4 フィギュアスケートとは

3

　1 見られるショーともなれば　　　2 集合するショーともなれば
　3 見渡せるショーともなれば　　　4 見学するショーともなれば

4

　1 激しくなくはなかった　　　　　2 易しくなくはなかった
　3 好ましくなくはなかった　　　　4 難しくなくはなかった

5

　1 は余程のことだが　　　　　　　2 が必要であれば
　3 を経て　　　　　　　　　　　　4 で経験して

6

　1 慣れないなりに　　　　　　　　2 統率して
　3 趣味で　　　　　　　　　　　　4 ことごとく

7

　1 徐々　　　　2 皮切り　　　　3 理由　　　　4 先頭

8

　1 成功を祈って　　　　　　　　　2 失敗を繰り返して
　3 成功があったからこそ　　　　　4 失敗をふまえて

9

　1 につれて　　　2 だからこそ　　3 をもって　　　4 ということで

10

　1 若さと時間的余裕　　　　　　　2 落ち着きと金銭的余裕
　3 精神的な不安定さ　　　　　　　4 勢いと親からの自立心

81 **〜ばこそ** 바로 〜(라는 이유) 때문에

[접속] 동사-ば ‖ い형용사-ければ ‖ な형용사-であれば ‖ 명사-であれば

信じる人がいればこそ、人は強く生きていくことができる。

82 **〜ばそれまでだ** 〜면 (그것으로) 끝이다, 그 이상 방법이 없다

[접속] 동사-ば형

いくら一生懸命料理を作っても食べてくれる人がいなければそれまでだ。

83 **〜にあって** 〜에, 〜에서

[접속] 명사

[설명] 그와 같은 상황인 것을 강조하는 표현이다. 순접과 역접에 모두 사용된다.

見知らぬ土地にあってどう生活すればいいのか分からない。

84 **〜に至る / 〜に至るまで / 〜に至って(は) / 〜に至っても**

〜에 이르다 / 〜에 이르기까지 / 〜에 이르러서(는) / 〜에 이르러서도

[접속] 동사 사전형 ‖ 명사

[설명] 목적지·결과·범위 등을 나타내는 표현이다.

プロの選手に至るまで多くの努力と苦悩があった。

85 **〜をおして** 〜인데도, 〜을 무릅쓰고

[접속] 명사

[설명] 곤란하거나 무리인 것을 알면서도 무언가를 할 때의 표현이다.

あの選手はケガをおして試合に出場している。

86 **〜にかこつけて** 〜을 구실삼아, 〜을 핑계 삼아

[접속] 명사

病気にかこつけて学校を休んでゆっくりしている。

87 **〜をものともせず(に)** ～에 개의치 않고, ～에 아랑곳하지 않고

[접속] 명사

周囲の反対<ruby>周<rt>しゅう</rt></ruby><ruby>囲<rt>い</rt></ruby>の<ruby>反<rt>はん</rt></ruby><ruby>対<rt>たい</rt></ruby>をものともせずに彼<ruby>彼<rt>かれ</rt></ruby>は<ruby>自<rt>じ</rt></ruby><ruby>分<rt>ぶん</rt></ruby>の<ruby>意<rt>い</rt></ruby><ruby>志<rt>し</rt></ruby>を<ruby>貫<rt>つらぬ</rt></ruby>いた。

88 **〜を限<ruby>限<rt>かぎ</rt></ruby>りに** ～을 끝으로, ～을 마지막으로

[접속] (시간을 나타내는) 명사

<ruby>今<rt>きょう</rt></ruby><ruby>日<rt></rt></ruby>を<ruby>限<rt>かぎ</rt></ruby>りにこの<ruby>会<rt>かい</rt></ruby><ruby>社<rt>しゃ</rt></ruby>を<ruby>辞<rt>や</rt></ruby>めさせていただきます。

89 **ひとり〜だけでなく / ひとり〜のみならず** 단지~뿐 아니라

[접속] ひとり + [동사 / い형용사 / な형용사]의 명사수식형 ‖ 명사 + だけでなく(のみならず)

<ruby>環<rt>かん</rt></ruby><ruby>境<rt>きょう</rt></ruby><ruby>問<rt>もん</rt></ruby><ruby>題<rt>だい</rt></ruby>はひとり<ruby>日<rt>に</rt></ruby><ruby>本<rt>ほん</rt></ruby>だけでなく<ruby>世<rt>せ</rt></ruby><ruby>界<rt>かい</rt></ruby><ruby>全<rt>ぜん</rt></ruby><ruby>体<rt>たい</rt></ruby>の<ruby>問<rt>もん</rt></ruby><ruby>題<rt>だい</rt></ruby>でもある。

90 **〜ゆえ(に) / 〜ゆえの** ～때문에 / ～때문인

[접속] [동사 / い형용사 / な형용사]의 명사수식형

[설명] 원인·이유를 나타내는 표현으로, 문장체적 표현이다.

<ruby>貧<rt>まず</rt></ruby>しいゆえに<ruby>学<rt>がっ</rt></ruby><ruby>校<rt>こう</rt></ruby>に<ruby>行<rt>い</rt></ruby>けない<ruby>子<rt>こ</rt></ruby><ruby>供<rt>ども</rt></ruby>がたくさんいる。

91 **〜やら** ～인지 (잘 모르겠다)

[접속] [동사 / い형용사]의 보통형 + (の)やら

[설명] 문말(文末)에 사용하며 ‘생각해 보아도 잘 모르겠다’는 의미다.

<ruby>私<rt>わたし</rt></ruby>の<ruby>言<rt>い</rt></ruby>いたかったことが<ruby>彼<rt>かれ</rt></ruby>に<ruby>伝<rt>つた</rt></ruby>わっているのやら。

92 **〜割<ruby>割<rt>わり</rt></ruby>に(は)** ～(하는 것)에 비해서(는)

[접속] [동사 / い형용사 / な형용사 / 명사]의 명사수식형

[설명] 상황으로부터 ‘예상한 것보다도 ～하다’의 의미다.

この<ruby>焼<rt>や</rt></ruby>き<ruby>肉<rt>にく</rt></ruby><ruby>屋<rt>や</rt></ruby>は<ruby>安<rt>やす</rt></ruby>い<ruby>割<rt>わ</rt></ruby>りに<ruby>種<rt>しゅ</rt></ruby><ruby>類<rt>るい</rt></ruby>も<ruby>豊<rt>ほう</rt></ruby><ruby>富<rt>ふ</rt></ruby>でおいしい。

93 **〜ものを** ～할 것을, ～하련만

[접속] [동사 / い형용사 / な형용사]의 명사수식형

[설명] 유감스러운 결과에 대한 불만과 후회 등의 심정을 나타내는 표현이다.

<ruby>言<rt>い</rt></ruby>わなくていいものを、<ruby>君<rt>きみ</rt></ruby>はなぜいつも<ruby>言<rt>い</rt></ruby>ってしまうんだ？

94 **〜にひきかえ** 〜와 비교해 반대로

接続 [동사 / い형용사 / な형용사]의 명사수식형 + の ‖ 명사

おしゃれ好きの姉にひきかえ妹はおしゃれに全く興味がないようだ。

95 **〜や / 〜や否や** 〜하자마자 곧

接続 동사 사전형

帰ってくるや否や母に家事を頼まれた。

96 **〜もさることながら** 〜은 물론 〜도, 〜도 그렇지만 그뿐 아니라 〜도

接続 명사

このスカートは形もさることながら色の使い方がとてもうまい。

97 **〜めく** 〜다워지다, 〜같다, 〜같은 느낌이 들다

接続 명사

설명 「〜めく」는 1그룹 동사처럼 활용한다.

だんだん春めいてきましたね。

98 **〜まじき** (당연히) 〜해서는 안 되는

接続 동사 사전형

해외 「するまじき」는 「すまじき」가 되는 경우도 있다.

人の物を盗むなんて人間としてあるまじき行為だ。

99 **〜はおろか** 〜은 물론, 〜은커녕

接続 [동사 / い형용사 / な형용사]의 명사수식형 + の 명사

설명 「A はおろか B も / さえ / まで」와 같이 강조하여 사용하는 경우가 많다.

父が頭をぶつけてしまい、しばらくの間、住所はおろか自分の名前まで忘れていた。

100 **〜べく** 〜하기 위해, 〜하려고

接続 동사 사전형

해외 「するべく」는 「すべく」가 되는 경우도 있다.

大学に受かるべく必死に勉強した。

101 ～をおいて ～을 제외하고, ～말고

[접속] 명사

[설명] 「～をおいて～ない」의 형태로 사용되는 경우가 많다.

学級委員長はこの学校で一番優秀な君をおいて誰もいない。

102 ～まみれ ～투성이

[접속] 명사

[설명] 표면 전체에 무언가가 붙어있는 상태를 나타내는 표현이다. 주로 더럽거나 좋지 않은 것인 경우가 많다.

息子は公園から帰ってくるときはいつも泥まみれで帰ってくる。

問題5 次の文の（　　　）に入れるのに最もよいものを、1・2・3・4から一つ選びなさい。

1 黙っていればばれなかった（　　　）、君はなぜすぐに言いふらすんだ！

1 ゆえに　　　　　　　2 ものを　　　　　　　3 ところで　　　　　　4 こととて

2 彼はどことなく謎（　　　）。

1 めいている　　　　　　　　　　　　　2 だけましだ
3 極まりない　　　　　　　　　　　　　4 もはばからない

3 教師という職（　　　）、生徒たちに試験の問題を売っていたとは許せない。

1 かたがた　　　　　　　　　　　　　2 なくして
3 にあって　　　　　　　　　　　　　4 ではあるまいし

4 ホームに着く（　　　）電車が出発した。

1 や否や　　　　　　　2 かたわら　　　　　　3 ことだし　　　　　　4 ことなしに

5 社長の誕生日パーティーだからと、体調は悪かったが無理（　　　）出席した。

1 としたって　　　　　　　　　　　　2 とあれば
3 したところで　　　　　　　　　　　4 をおして

6 掃除嫌いの私の部屋はいつも埃（　　　）だ。

1 だけ　　　　　　　2 まみれ　　　　　　3 ずくめ　　　　　　4 のみ

7 営業（　　　）しばらくカフェで休憩した。

1 じゃあるまいし　　　　　　　　　　2 にかこつけて
3 なくしては　　　　　　　　　　　　4 が早いか

8 人間何事も諦めて（　　　）。

1 しまうにこしたことはない　　　　　　2 しまってもさしつかえない

3 しまえばそれまでだ　　　　　　　　　4 しまわずにはおかない

9 彼は食べすぎた（　　　）、腹痛を起こしてしまった。

1 といえども　　　　　2 ゆえに　　　　　3 のなんのと　　　　4 なりに

10 あなたは指導者として（　　　）振る舞いをしました。

1 あるまじき　　　　　　　　　　　　　2 あるに足る

3 あるべからず　　　　　　　　　　　　4 あるにたえない

11 周りの批判（　　　）、彼は自分の道を突き進んだ。

1 をものともせず　　　　2 であれ　　　　　3 のみならず　　　　4 なくして

12 いつになったら就職してくれる（　　　）。

1 しまつだ　　　　　2 までだ　　　　　3 とも　　　　　4 のやら

13 私たちのグループは今回のライブツアー（　　　）解散することになりました。

1 をよそに　　　　　2 をかぎりに　　　　3 を経て　　　　4 をふまえて

14 結婚相手は君（　　　）考えられない。

1 をおいて　　　　　2 ともなれば　　　　3 ときたら　　　　4 とあれば

15 優れた政治家で（　　　）、国民の支持を得られるのです。

1 あるが最後　　　　　　　　　　　　　2 あればこそ

3 あるとばかりに　　　　　　　　　　　4 ありながら

16 事件を早く解決（　　　）努力したいと思います。

1 すべく　　　　　2 せずじまいで　　　　3 することなしに　　　　4 してでも

17 この団体にはひとりわが校（　　　）、各地の学校も入っている。

1 であれ　　　　　　　2 ながらも　　　　　　3 だけでなく　　　　4 であるとも

18 私は一人でレストラン（　　　）スーパーにも行ったことがない。

1 といい　　　　　　　2 たりとも　　　　　　3 すら　　　　　　　4 はおろか

19 このレストランは値段が高い（　　　）あまりおいしくない。

1 割に　　　　　　　　2 といえども　　　　　3 とあって　　　　　4 ことだし

20 結婚して子供を産む（　　　）、初めて親のありがたさが分かった。

1 てまえ　　　　　　　2 に至って　　　　　　3 までもなく　　　　4 ことなしに

21 この店はサービスの良さ（　　　）物の質がとてもよい。

1 に即して　　　　　　2 ともなれば　　　　　3 もさることながら　4 をふまえて

22 お酒が強い姉（　　　）私はお酒を少しも飲めない。

1 にひきかえ　　　　　2 のみならず　　　　　3 であれ　　　　　　4 をよそに

問題6 次の文の ＿★＿ に入る最もよいものを、1・2・3・4から一つ選びなさい。

1 実際に自分が ＿＿＿ ＿＿＿ ★ ＿＿＿ ができる。

1 健康で　　　　　　　2 旅行　　　　　　　　3 あればこそ　　　　4 楽しい

2 高等教育課程を ＿＿＿ ＿＿＿ ★ ＿＿＿ 英文の卒業証明書を提出してください。

1 認定申請　　　　　　2 卒業したもの　　　　3 にあたり　　　　　4 にあっては

3 彼女は ＿＿＿ ＿＿＿ ★ ＿＿＿ ステージを堂々とこなした。

1 80歳という　　　　　　　　　　　2 ものともせず

3 年齢を　　　　　　　　　　　　　4 2時間以上の

4 父の ＿＿＿ ★ ＿＿＿ ＿＿＿。

1 かこつけて　　　　　2 買ってもらった　　　3 上機嫌に　　　　　4 バッグを

5 心の美しさというのは ＿＿＿ ＿＿＿ ★ ＿＿＿ 外見にも表われてくるものだ。

1 自然と　　　　　　　2 ひとり　　　　　　　3 のみならず　　　　4 行動

6 雑誌に載せる短いエッセイの ＿＿＿ ★ ＿＿＿ ＿＿＿。

1 執筆依頼が　　　　　　　　　　　2 良いものやら

3 来たものの　　　　　　　　　　　4 何を書けば

7 できないものは ＿＿＿ ＿＿＿ ★ ＿＿＿ 良い顔をして引き受けてしまう君も悪い。

1 ついつい　　　　　　2 できないと　　　　　3 済むものを　　　　4 断れば

8 彼は ＿＿＿ ＿＿＿ ★ ＿＿＿ 目を見張るほどの活躍ぶりだ。

1 去年の　　　　　　　2 にひきかえ　　　　　3 悲惨な成績　　　　4 今年は

9 その50年以上の歴史をもつチームも不況で運営が厳しく、＿＿＿ ★ ＿＿＿ ＿＿＿ 決定された。

1 なることが　　　　　2 限りに　　　　　　　3 廃部と　　　　　　4 今シーズンを

10 鹿が日本一多いところ ＿＿＿ ＿＿＿ ★ ＿＿＿。

1 をおいて　　　　　　2 他にない　　　　　　3 といえば　　　　　4 奈良県

「歌わせて！お願い、歌わせてよ！…歌うのよ！あたし、歌うのよ！」

スクリーンの中で狂ったように必死に叫び続けるエディット・ピアフ(注1)。2007年、彼女の生涯が映画化され、公開　1　わずか２ヶ月でフランス国民の10人に1人にあたる観客を動員したという。これは主人公がフランス人　2　大ヒットであると　3　が、彼女が実在した歌手であり、その歌唱力　4　、彼女のドラマチックな人生が人々の関心を引いたのだとも言えるだろう。実はピアフについては数々の伝記が執筆　5　その生涯の多くの事実と出来事は非常に　6　が多い。ピアフは家庭環境の影響もあり、現代の道徳観に照らすと幼い子供にとって　7　大人の複雑な社会を見て育ったようだ。歴史に名を残すというと聞えは良いが、有名であるということは幸せとともにプレッシャーと孤独との闘いをも意味する。育った環境もあったのだろう。元来過度の神経質であったと言われるピアフは名声を手にし、晩年　8　後者と　9　大量の酒やたばこ、薬　10　を送り、癌で惜しくも47歳の若さで人生の幕を閉じた。冒頭の台詞は、立つことさえも覚束ない(注2)病を　11　大舞台で熱演中に倒れたピアフの、歌に対する必死の叫びだったのである。生涯の大恋愛は相手の事故死という悲劇的な形で終わり、愛を成就させることはなかったが、彼女は　12　世界の偉大な歌姫の一人として、今もなお多くの人に愛され続けている。

（注1）エディット・ピアフ：Edith Piaf（1915〜1963）フランスのシャンソン歌手
　　　　　　　　　　　　代表曲に「ばら色の人生」「愛の賛歌」
（注2）覚束ない：しっかりせず、頼りない

1

1 されるや否や　　　　　　　2 するや否や
3 したや否や　　　　　　　　4 に努めるや否や

2

1 であるがために　　　　　　2 にも関わらずの
3 であるがゆえの　　　　　　4 の作品にしては

3

1 いうことは知らなかった　　　2 言ってしまえばそれまでだ
3 いうのは仕方ない　　　　　　4 いうことは間違いない

4

1 もさることながら　　　　　　2 をおいて
3 にあって　　　　　　　　　　4 にひきかえ

5

1 されてからというもの　　　　2 されたのなんのと
3 されたとあって　　　　　　　4 されている割には

6

1 批判的な見方　　2 謎めいた部分　　3 すれちがい　　　4 ごまかし

7

1 言うまじき　　　2 憧れである　　　3 あるまじき　　　4 恥ずべき

8

1 をよそに　　　　2 ですら　　　　　3 に至っては　　　4 ときたら

9

1 闘うべく　　　　2 携わって　　　　3 ふさわしく　　　4 妥協して

10

1 ならではの闘病生活　　　　　2 を浸す精神が不安定な状態
3 と接触した辛い日々　　　　　4 まみれの生活

11

1 ひいて　　　　　2 おして　　　　　3 はさんで　　　　　　　4 引っ込めて

12

1 映画界ではもちろん　　　　　2 伝記の材料にとどまらず
3 舞台人としては言うまでもなく　4 フランスはおろか

01 (〜なんて)よく言える (보통은 말할 수 없는 것을)아무렇지도 않게 잘도 말하는구나

[설명] 「〜なんて」 앞에는 상대가 말한 것을 그대로 인용한 형태가 온다.

ダイエットしてる私に向かって食べ放題に行こうなんてよく言えるわね。

02 〜しまつだ 〜라는 (안 좋은) 결과가 되었다

[접속] 동사 사전형 · ない형

[설명] 앞의 결과에 이르기까지의 상황이 제시된다.

[예외] 관용적으로 「この」「その」「あの」 뒤에 이어지는 경우도 많다.

仕事を必ず成功させると言っていた息子だが、ことごとく失敗し、最後は私に金を貸してくれと頼んでくるしまつだ。

03 〜べからず / 〜べからざる 〜해서는 안 된다 / 〜해서는 안 되는

[접속] 동사 사전형

[설명] 「〜べからず」는 문장을 끝맺는 형태이며 「〜べからざる」는 뒤에 명사가 온다.

[예외] 「するべからず / するべからざる」는 「すべからず / すべからざる」가 되는 경우도 있다.

働かざる者は食うべからず。

04 〜極まる / 〜極まりない 상당히〜, 더할 나위 없이〜, 〜하기 그지없다

[접속] な형용사 어간

[설명] 어떠한 일에 대해 강한 감정을 지닐 때 사용한다.

[예외] 「〜極まりない」는 「[い형용사 기본형 / な형용사-な] + こと」에 연결되는 경우도 있다.

社長に敬語を使わないなんて、なんて失礼極まりない社員なんだ。

05 〜までだ / 〜までのことだ

[접속] 동사 사전형 : 〜이외에 방법이 없다

上司と意見が全く合わなければ、会社を辞めるまでのことだ。

[접속] 동사 た형 : 단지 〜뿐이다

あなたが聞いたから答えたまでです。

06 **～までもない / ～までもなく** ～할 필요도 없다 / ～할 필요도 없이

接続 동사 사전형

彼女が結婚のために会社を辞めたのは言うまでもない。

07 **～きらいがある** ～경향이 있다

接続 동사 사전형·ない형 ‖ 명사－の

説明 앞에는 안 좋은 내용이 온다.

最近の若者は自分でどうにかしようとせず、人にすぐ頼るきらいがある。

08 **～ないものでもない** ～하지 않는 것도 아니다, ～할 수도 있다

接続 동사 ない형

この程度の作品なら、私にも作れないものでもない。

09 **～にたえる / ～にたえない**

① **～にたえる** ～할 만하다

接続 동사 사전형 ‖ 명사

このピアニストの演奏は聞くにたえるものだった。

② **～にたえない**

① 接続 동사 사전형 : ～을 참을 수 없다, ～할 수 없다

② 接続 명사 : ～을 너무 강하게 느끼다

説明 「感謝」「感激」 등 감정을 나타내는 명사에 접속한다.

朝から晩まで塾に通っている娘のしんどそうな顔は見るにたえない。

10 **～にとどまらず** ～에 그치지 않고, ～에 끝나지 않고

接続 동사 사전형 ‖ 명사

このスターの人気は日本にとどまらず、世界の各地にまで広がった。

11 **～に足る** ～할 만하다, ～하기에 충분하다

接続 동사 사전형 ‖ 명사

父は昔から仕事にも家族にも全力を注ぐ人なので、私にとって尊敬するにたる人物です。

12 ～てやまない ~해 마지 않다

[接続] 동사 て형

この作品を愛してやまないファンは多くいます。

13 ～といったらない / ～といったらありはしない(ありゃしない) 매우 ~하다

[接続] い형용사 사전형 ‖ な형용사-(だ) ‖ 명사-(だ)

[説明] 상태의 정도가 극단적임을 나타내는 표현이다.

ドレスに着替えた彼女の美しさといったらなかった。

14 ～というところだ / ～といったところだ ~정도이다

[接続] 동사 사전형 ‖ 명사

[説明] 그 시점에서의 상황을 설명하고 대강 그 정도라는 의미다.

絵の完成まであと3、4日といったところです。

15 ～に(は)あたらない ~할 것 까지(는) 없다, ~할 만한 가치는 없다

[接続] 동사 사전형 ‖ 명사

不景気の影響で倒産する会社が減らないことは、日本だけの現象ではないので驚くにはあたらない。

16 ～にかかわる ~에 관련된, ~에 관계된

[接続] 명사

[説明] 「～に」앞에는 중요한 내용이 오는 경우가 많다.

地球温暖化は生物の生死にかかわる問題になってきている。

17 ～はばからない 주저하지 않고(거리끼지 않고) ~하다

[接続] 동사 て형 ‖ 명사 も・を

最近人目もはばからず大きい声で話す若者をよく見る。

18 ～かぎりだ 너무 ~하다

[接続] い형용사 사전형 ‖ な형용사-な

[説明] 감정을 나타내는 형용사와 함께 사용된다.

君が味方してくれて心強いかぎりだ。

19 **～を禁じ得ない** ～을 금치 못하다, ～하지 않을 수 없다

접속 명사

彼の身勝手なやり方には怒りを禁じ得ない。

20 **～ないともかぎらない** ～할 가능성이 있다, ～일지도 모른다

접속 [동사 / い형용사 / な형용사 / 명사]의 보통형

相手の対応の仕方によっては許さないともかぎらない。

21 **～ないではすまない（～ずにはすまない）** ～하지 않고서는 해결되지 않다, ～하지 않을 수는 없다

접속 동사 ない형

설명 자신의 의무감과 주위 상황 등으로 보아 무언가 해야한다는 의미로, 「～ないわけにはいかない」와 비슷한 의미다.

車に傷をつけてしまった。これでは父に叱られないではすまないだろう。

22 **～ないではおかない（～ずにはおかない）** ～(하)지 않고서는 끝나지 않다, 반드시 ～하다

접속 동사 ない형

설명 반드시 그렇게 하겠다는 의지 또는 자연히 그렇게 되는 상황을 나타내는 표현이다.

この映画は見る者の胸を打たないではおかないだろう。

23 **～てもさしつかえない** ～(해)도 상관없다, ～(해)도 문제가 되지 않다

접속 동사 て형 ‖ い형용사-くて ‖ な형용사-で ‖ 명사-で

無理をしなければ散歩しに行ってもさしつかえないですよ。

24 **～を余儀なくされる / ～を余儀なくさせる** 어쩔 수 없이 ～하게 되다 / 어쩔 수 없이 ～하게 하다

접속 (동작을 나타내는) 명사

交通事故に巻き込まれて入院を余儀なくされた。

25 **～て見せる** (반드시) ～해야지, ～하겠다

접속 동사 て형

설명 반드시 그렇게 할 것이라는 결의를 나타낸다.

将来必ず父を越えて見せる。

26 **〜にこしたことはない** 〜(하는) 편이 좋다

접속 [동사 / い형용사 / な형용사 / 명사]의 보통형

설명 상식적으로 생각해 '〜쪽이 좋다'는 의미다.

交通の便が悪くても家族で住むなら広い家にこしたことはない。

27 **〜ずにはすまない** 〜하지 않고서는 해결되지 않다, 〜하지 않을 수는 없다

접속 동사 ない형

설명 자신의 의무감과 주위 상황 등으로 보아 무언가 해야한다는 의미로, 「〜ないわけにはいかない」와 비슷한 의미다.

해외 「する」는 「せずにはおかない」가 된다.

会社のパーティーに社員全員出席するのなら、私も行かずにはすまないだろう。

28 **〜ずにはおかない** 〜(하)지 않고서는 끝나지 않다, 반드시 〜하다

접속 동사 ない형

설명 반드시 그렇게 하겠다는 의지 또는 자연히 그렇게 되는 상황을 나타내는 표현이다.

해외 「する」는 「せずにはおかない」가 된다.

あの学生の態度は先生を怒らせずにはおかなかった。

問題5 次の文の（　　　　）に入れるのに最もよいものを、1・2・3・4から一つ選びなさい。

1 事件のこと、白状させ（　　　）からな。

1 てはかなわない　　　　　　　　　　2 るしまつだ
3 ればそれまでだ　　　　　　　　　　4 ないではおかない

2 私の母は何事も考えすぎる（　　　）。

1 にはあたらない　　　　　　　　　　2 きらいがある
3 といったところだ　　　　　　　　　4 にこしたことがない

3 この手術は命（　　　）ほど重要な手術です。

1 にかかわる　　　　2 にたえる　　　　3 ともなる　　　　4 に至る

4 読む（　　　）本を書くためにはたくさん本について調べることが重要だ。

1 にたえる　　　　2 にあたらない　　　　3 といえども　　　　4 てまえ

5 娘の大学合格の知らせに（　　　）。

1 喜ばなくはなかった　　　　　　　　2 喜ぶだけましだった
3 喜びを禁じ得なかった　　　　　　　4 喜ばずじまいだった

6 ここからは関係者以外入る（　　　）。

1 だけましだ　　　　　　　　　　　　2 べからず
3 というものだ　　　　　　　　　　　4 までのことだ

7 どんなに苦労しようともこの子を立派に（　　　）。

1 育てるまでのことだ　　　　　　　　　2 育ててみせる

3 育てただろうに　　　　　　　　　　　4 育てっぱなしだ

8 目の前にある財布をないないと探しているんだから（　　　）。

1 おかしいまでのことだったよ　　　　　2 おかしくてはかなわないよ

3 おかしくなくはなかったよ　　　　　　4 おかしいといったらなかったよ

9 このようなやり方では社員に不信感を（　　　）だろう。

1 与えずにはおかない　　　　　　　　　2 与えるにこしたことはない

3 与えるにはあたらない　　　　　　　　4 与えるにたらない

10 遅刻ばかりしている君が遅刻は悪いことだ（　　　）よく言えるね。

1 とあって　　　　　　2 ろうが　　　　　　3 とも　　　　　　　4 なんて

11 歯の治療は全て済んだので固い物を食べても（　　　）ですよ。

1 極まりない　　　　　　　　　　　　　2 かなわない

3 はばからない　　　　　　　　　　　　4 さしつかえない

12 彼の頼み方次第では映画に一緒に（　　　）。

1 行かなければそれまでだ　　　　　　　2 行かないともかぎらない

3 行かないんだって　　　　　　　　　　4 行かんばかりだ

13 夏目漱石が有名な本を書いているということは（　　　）。

1 言うまでもないことだ　　　　　　　　2 言ってはかなわないことだ

3 言わないでもないことだ　　　　　　　4 言うに至ることだ

14 君には誰（　　　）自由に生きていってほしい。

1 ですら　　　　　　　2 にもはばからず　　3 であれ　　　　　　4 こととて

15 仕事に一生懸命取り組んだが、満足（　　　）成果は得られなかった。

1 に足る　　　　　　　　2 ゆえの　　　　　　　3 はおろか　　　　　4 あっての

16 ゴールまであと一歩（　　　）。

1 までだ　　　　　　　　2 かぎりだ　　　　　　3 といったところだ　4 の至りだ

17 若い頃親に苦労をかけたため今から親孝行（　　　）と思っている。

1 するというものだ　　　　　　　　　　2 せずにはすまない
3 せずじまいだ　　　　　　　　　　　　4 すればそれまでだ

18 子供たちがこの崖で遊んでいること自体危険（　　　）ものだった。

1 極まりない　　　　　　　　　　　　　2 ゆえの
3 をふまえた　　　　　　　　　　　　　4 を皮切りとした

19 事件の参考人として警察への拘留を（　　　）。

1 たえなくされた　　　　　　　　　　　2 禁じ得なかった
3 余儀なくされた　　　　　　　　　　　4 ものともしなかった

20 この商品は若者（　　　）中年層にも人気がある。

1 をふまえて　　　　　　2 なりに　　　　　　　3 にとどまらず　　　4 にあって

21 これくらいの距離なら歩いて（　　　）。

1 行けないものでもない　　　　　　　　2 行ければそれまでだ
3 行けんばかりだ　　　　　　　　　　　4 行くにかたくない

22 給料が急に下ったからといって嘆く（　　　）。この不景気でそういう人は少なくないからだ。

1 にこしたことはない　　　　　　　　　2 きらいがある
3 にはあたらない　　　　　　　　　　　4 までのことだ

23 この本は世界中の子供だちの心を（　　　）名作品だ。

1 掴むにたえる　　　　　　　　　　2 掴んではばからない

3 掴むべからず　　　　　　　　　　4 掴んでやまない

24 息子は働いて私たち家族の面倒もよく見てくれるので頼もしい（　　　）。

1 にこしたことはない　　　　　　　2 んだって

3 かぎりだ　　　　　　　　　　　　4 だけましだ

25 彼は先生の忠告を無視し続け、最後には退学を言い渡される（　　　）。

1 かぎりだ　　　　　　　　　　　　2 しまつだった

3 といったところだ　　　　　　　　4 にかたくない

26 いくら簡単な試験とはいえ勉強しておく（　　　）。

1 にこしたことはない　　　　　　　2 にはあたらない

3 べからず　　　　　　　　　　　　4 かぎりだ

27 彼がこれ以上続けれないと言うならば研究チームを解散させ（　　　）。

1 てみせる　　　　　　　　　　　　2 ないことにこしたことはない

3 るまでのことだ　　　　　　　　　4 てやまない

28 上に立つ者として会社を守れなかったのでは（　　　）だろう。

1 避難されずじまい　　　　　　　　2 非難されるきらいがある

3 非難されてはかなわない　　　　　4 非難されないではすまない

問題6 次の文の ＿★＿ に入る最もよいものを、１・２・３・４から一つ選びなさい。

1 社長はたまに会議の時に顔を出すだけで＿＿＿ ＿＿＿ ＿★＿ ＿＿＿と感心さえする。

　1 よく言えたもんだ　　　　　　　　　2 現場を
　3 のに　　　　　　　　　　　　　　　4 見ていない

2 ベテランの社員に「＿＿＿ ＿＿＿ ＿★＿ ＿＿＿」の念である。

　1 必要なのは　　　　2 忘れる　　　　3 べからず　　　　4 初心

3 別に喧嘩を売ったわけではなくて＿＿＿ ＿＿＿ ＿★＿ ＿＿＿ことだ。

　1 述べた　　　　　2 正直に　　　　3 までの　　　　　4 自分の意見を

4 彼の ＿＿＿ ＿＿＿ ＿＿＿ ＿★＿ ない。

　1 までも　　　　　2 人気の　　　　3 改めて説明する　　4 ほどは

5 彼女の理論は一貫性に＿＿＿ ＿★＿ ＿＿＿ ＿＿＿。

　1 全く価値がない　　　　　　　　　2 ものでもない
　3 欠けるが　　　　　　　　　　　　4 かといって

6 やはりプロの集団だけあって、その ＿＿＿ ＿＿＿ ＿★＿ ＿＿＿。

　1 ものだった　　　　　　　　　　　2 ミュージカルは
　3 鑑賞するに　　　　　　　　　　　4 たえる

7 それは確かに面白い ＿＿＿ ＿＿＿ ＿＿＿ ＿★＿内容かというと疑問だ。

　1 小説　　　　　　2 だが　　　　　3 するに足る　　　　4 映画化

8 これは ＿＿＿ ＿＿＿ ＿＿＿ ★＿＿ 何があっても事実解明をしなければならない。

1 会社全体の　　　　2 名誉に　　　　3 関わる　　　　4 問題なので

9 普段ラーメンなら毎日食べても ＿＿＿ ＿＿＿ ★＿＿ ＿＿＿ さすがに一週間も実際にそれが続くと当分は目にもしたくない様子だった。

1 公言して　　　　2 はばからない　　　　3 彼だが　　　　4 飽きないと

10 自分がまさか主演女優賞を受賞する ＿＿＿ ★＿＿ ＿＿＿ ＿＿＿ 。

1 驚きとともに　　　　2 なんて　　　　3 戸惑いを　　　　4 禁じ得ない

11 ここまで事態が複雑化してしまった ＿＿＿ ＿＿＿ ★＿＿ ＿＿＿ だろう。

1 言わないでは　　　　2 すまない　　　　3 からには　　　　4 本当のことを

12 今年は思うような成績を残せなかったが ＿＿＿ ＿＿＿ ★＿＿ ＿＿＿ 。

1 みせる　　　　2 果たして　　　　3 来年こそは　　　　4 総合優勝を

13 その有名企業は周辺住民からの猛反対に遭い、＿＿＿ ＿＿＿ ＿＿＿ ★＿＿ された。

1 計画中止を　　　　2 工場建設の　　　　3 その地での　　　　4 余儀なく

14 期日が明日まで ＿＿＿ ＿＿＿ ★＿＿ ＿＿＿ 。

1 おかない　　　　　　　　　　2 今日中に

3 なので　　　　　　　　　　　4 終わらせずには

 次の文章を読んで、　1　から　12　の中に入る最もよいものを、
　　　　　１・２・３・４から一つ選びなさい。

　1982年、『「縮み」志向の日本人』(注1) という一冊の本が出版されベストセラーと
なった。この内容は、題名からも分かるように『菊と刀』(注2) に並ぶ日本人論の一
つ　1　。ある調査によると1946年からの30年間で「日本人論」というジャンルに
分類される書籍が約700冊も出版されており、他民族に関する著書と比較してもその
多さは　2　、良い意味にしろ悪い意味にしろ、それが海を越えた大陸の人々の目
　3　ものであると言ってもさしつかえないだろう。ゆえに新たに日本人論の著作が
出たところで驚くには　4　のだが、もしあなたが日本の文化、現代の産業界に代
表される日本人の性質に興味があるなら一度　5　著書である。
　文化は実験ではない。したがって客観的な判断というよりはそこに著者の主観が交
わり、仮に日本人が日本人を論じるとしても、そこには多少なりとも先入観が　6　
ものである。前述の『菊と刀』にも見られるように、日本人論については、これまで
特に著者が西洋人の場合は、西洋と日本それぞれの文化を　7　にあてはめるきら
いがあった。しかしこの作品に関しては、母国である韓国との比較的視点からひょ
っとすれば日本の文化に対して　8　とも限らないところを、先入観がほぼ排除さ
れ、日本人の縮小志向とその短所、長所について伝統的なもの　9　、現代に至る
までバランス良く論じている。祭り、人形、昔話、俳句、空間の使い方、短編小説、
茶道、ロボット、パチンコ、弁当箱、カラオケルームなどその　10　。ここまで多
くのものに日本人の特性を見いだしたこと、そして最後の章を縮小に対する「拡がり
の文化」と関連づけて論じているのも実に　11　である。外国人の目から見たら違い
が見えて当然と言ってしまえばそれまでだが、日本の文化にこれだけよく入り込み、
新たな見方から比較と検証を行った点について、私は拍手を　12　。

（注1）『「縮み」志向の日本人』:［著］季御寧（韓国の文芸評論家／初代文化相）出
　　　　　版］学生社
（注2）『菊と刀』: 1946年、Ruth Benedict (米)による、日本文化を説明した文化人
　　　　　類学の著作

1

1 にしては物足りない　　　　2 といったところだ
3 としてみる　　　　　　　　4 に決定された

2

1 優越であり　　　　　　　　2 はかなく
3 極まりなく　　　　　　　　4 そっけなく

3

1 に映った　　　　　　　　　2 を引かないではおかない
3 を丸くさせる　　　　　　　4 にしみる

4

1 あたらない　　　　　　　　2 あたりまえ
3 間違いな　　　　　　　　　4 不足している

5

1 読むと納得する　　　　　　2 買えば十分な
3 は驚く　　　　　　　　　　4 読んでみるにこしたことはない

6

1 入らずにはすまない　　　　2 入らないようにする
3 目立たないようにする　　　4 出さずにはすまない

7

1 概念の枠　　　　　　　　　2 宗教
3 優劣の構図　　　　　　　　4 神と人間

8

1 非攻撃的にならない　　2 批判的にならない
3 肯定的にならない　　4 悪くなる

9

1 にとどまらず　　2 というよりも
3 にふさわしく　　4 さえも

10

1 細かさは考えられない　　2 繊細さが露骨になっている
3 複雑さに震える　　4 多様性といったらない

11

1 腹立たしい内容　　2 興味深い批判
3 寝耳に水　　4 おもしろい限り

12

1 送るにこしたことはない　　2 送ってやんだ
3 送ってやまない　　4 送るしまつだ

모의고사

제1회

言語知識
（文字・語彙・文法）

問題1 ＿＿＿＿＿の言葉の読み方として最もよいものを、１・２・３・４から一つ
　　　選びなさい。

1　政府は消費者の要求を背景に政策を進めることにした。

　　1 せいさく　　　　2 たいさく　　　　3 せいじ　　　　　4 たいりつ

2　この地域は台風の影響をもろに受けた。

　　1 えいきょう　　　2 えいぞう　　　　3 かんきょう　　　4 かんしょう

3　その行為は憲法によって禁じられている。

　　1 いはん　　　　　2 いほう　　　　　3 けんとう　　　　4 けんぽう

4　洗面所で父がひげを剃っていた。

　　1 とっていた　　　2 てっていた　　　3 そっていた　　　4 しっていた

5　売られた喧嘩は買わなければいけない。

　　1 けんか　　　　　2 けんそう　　　　3 うそ　　　　　　4 すきま

6　抽選から漏れた方にもまだチャンスはあります。

　　1 ぬれた　　　　　2 もれた　　　　　3 たれた　　　　　4 はれた

問題2（　　　）に入れるのに最もよいものを、1・2・3・4から一つ選び
　　　なさい。

7　次の国会でこの法案が取り上げられる（　　　）だ。
　　1　見通し　　　　　　2　見積もり　　　　3　想像　　　　　4　相談

8　彼との結婚について父親の（　　　）を得た。
　　1　感謝　　　　　　　2　紹介　　　　　　3　認識　　　　　4　承諾

9　ずっと心待ちにしていた旅行だったが、雨のせいで（　　　）になってしま
　　　った。
　　1　残念　　　　　　　2　無念　　　　　　3　だいなし　　　4　むなしい

10　スポーツ万能で勉強もできる彼は、他の学生たちの（　　　）である。
　　1　典型　　　　　　　2　模範　　　　　　3　範囲　　　　　4　模型

11　政府は地域格差に（　　　）して、政策を行っている。
　　1　着目　　　　　　　2　着地　　　　　　3　執着　　　　　4　決着

12　彼は、世界平和に貢献し、ノーベル賞という（　　　）を与えられた。
　　1　名誉　　　　　　　2　面目　　　　　　3　名称　　　　　4　体裁

13　懸命な治療の（　　　）、愛犬が死んでしまった。
　　1　かいもなく　　　　　　　　　　　2　がらもなく
　　3　きりもなく　　　　　　　　　　　4　ためもなく

問題3 ＿＿＿＿＿の言葉に意味が最も近いものを、1・2・3・4から一つ
　　　選びなさい。

14 同じ過ちはもう二度と繰り返すまいと心に誓った。

　　1 おせじ　　　　　2 投資　　　　　　3 発言　　　　　4 失敗

15 彼女は息子の身を常に心配している。

　　1 非難している　　　　　　　　　2 案じている
　　3 無茶している　　　　　　　　　4 訳している

16 クラスのみんなは明日の文化祭の準備に意気込んでいる。

　　1 物語っている　　　　　　　　　2 呼びかけている
　　3 のばされている　　　　　　　　4 はりきっている

17 敵のもくろみが何かようやく分かった。

　　1 意図　　　　　　2 仕草　　　　　　3 政策　　　　　4 把握

18 今は何をするにもうっとうしい時期だ。

　　1 はなはだしい　　　　　　　　　2 はなばなしい
　　3 わずらわしい　　　　　　　　　4 わかわかしい

19 給料日に調子に乗って浪費してしまった。

　　1 乱用　　　　　　2 無駄使い　　　　3 要求　　　　　4 融資

問題4　次の言葉の使い方として最もよいものを、１・２・３・４から一つ
　　　　選びなさい。

20　軽蔑

　1　人を軽蔑に批判するのはやめた方がいい。

　2　私の軽蔑な行動で、多くの人に迷惑をかけてしまいました。

　3　彼はいかにも軽蔑したような笑い方をした。

　4　立派な振る舞いをした彼に軽蔑した。

21　おおげさ

　1　来年の予算についてのおおげさな見通しが出た。

　2　心がゆったりとしていて、とてもおおげさな人柄だ。

　3　彼女は何でもおおげさに言う人だ。

　4　部下のおおげさ声に頭を悩ませる。

22　もっぱら

　1　休日はもっぱら子供の相手をしている。

　2　もっぱら今年も暮れようとしている。

　3　彼が嫌がるのももっぱらなことだ。

　4　最近もっぱら涼しくなった。

23　むやみ

　1　彼は私の問いかけをむやみにかわした。

　2　難しい仕事をむやみを承知で引き受けた。

　3　むやみな約束はしない方がよい。

　4　あの声の持ち主はむやみに彼だ。

$\boxed{24}$ 脈

1 チョコレートを食べ過ぎると、次の日に<u>脈</u>が肌にたくさんできる。

2 あの<u>脈</u>を越えると、海が見えます。

3 この<u>脈</u>からの見晴らしはとてもよい。

4 応急処置をするときはまず<u>脈</u>を測り、その人が生きているかを確認する。

$\boxed{25}$ ジャンル

1 私はスポーツの<u>ジャンル</u>にはとても詳しい。

2 水族館でイルカの<u>ジャンル</u>を見た。

3 視聴者の強い<u>ジャンル</u>でドラマの再放送が決まった。

4 機械の<u>ジャンル</u>が壊れ、作動しなくなってしまった。

問題5 次の文の（　　　）に入れるのに最もよいものを、1・2・3・4から
　　　一つ選びなさい。

26 合格の知らせだ（　　　）、不合格の知らせだった。

　　1 といえども　　　　2 とはいえ　　　　3 と相まって　　　　4 と思いきや

27 彼女は無念の思いを涙（　　　）語った。

　　1 まみれに　　　　2 もろく　　　　3 なりに　　　　4 ながらに

28 姉は図書館へ勉強しに行った。それに（　　　）、弟は家でゲームばかりし
　　ている。

　　1 くわえ　　　　2 ついて　　　　3 そくして　　　　4 ひきかえ

29 このような賞を頂き、光栄（　　　）でございます。

　　1 たるもの　　　　2 のいたり　　　　3 ばかり　　　　4 すぎ

30 市内にあるので近い（　　　）、歩いて20分はかかります。

　　1 とはいえ　　　　2 とばかりに　　　　3 ともなしに　　　　4 ともなると

31 つらい道のりになるだろうが、涙は一滴（　　　）流してはならない。

　　1 だに　　　　　　　　　　　　2 だけ
　　3 たりとも　　　　　　　　　　4 だからといって

32 彼の歌声は聞く（　　　）ものだった。

　　1 に至る　　　　　　　　　　　2 にたえない
　　3 ような　　　　　　　　　　　4 とはいえない

33 彼は仕事が良く出来るが、何でも一人でやろうとする（　　　）ので心配だ。

1 しまつな　　　　　　　　　　　2 きらいがある
3 のはもちろんな　　　　　　　　4 わがままがある

34 さすが料理師の免許を持っている（　　　）彼女の料理はとてもおいしい。

1 うえのことであり　　　　　　　2 ばかりのことはあり
3 だけのことはあり　　　　　　　4 はずのことであり

35 歌手である彼女が女優としてデビューすると言っても、全く驚く（　　　）。

1 にかたくない　　　　　　　　　2 にはあたらない
3 べきでない　　　　　　　　　　4 にたえない

問題6 次の文の ＿★＿ に入る最もよいものを、１・２・３・４から一つ選びなさい。

（問題例）

　　あそこで ＿＿＿ ＿＿＿ ＿★＿ ＿＿＿ は山田さんです。

　　１ テレビ　　　　　２ 見ている　　　　　３ を　　　　　　　４ 人

（解答の仕方）

1. 正しい文はこれです。

　　あそこで ＿＿＿＿＿＿ ＿＿＿＿＿＿ ＿★＿＿＿ ＿＿＿＿＿＿ は山田さんです。
　　　　　　　１ テレビ　　　３ を　　　２ 見ている　　４ 人

2. ＿★＿ に入る番号を解答用紙にマークします。

　　　　　　　　（解答用紙）　（例）　① ● ③ ④

36 このならわしには ＿＿＿ ＿＿＿ ★ ＿＿＿ が詰まっていると感じた。

1 この　　　　　　2 ならではの　　　3 国　　　　　　　4 アイデア

37 突然、行方不明になって ＿＿＿ ＿＿＿ ★ ＿＿＿ 長い旅に出た。

1 べく　　　　　　2 探す　　　　　　3 しまった　　　　4 親を

38 最近、親の ＿＿＿ ★ ＿＿＿ ＿＿＿ 若者が多い。

1 遊び回っている　　　　　　　　　2 心配を
3 夜中まで　　　　　　　　　　　　4 よそに

39 ほこり ＿＿＿ ★ ＿＿＿ ＿＿＿ ＿＿＿ 悪影響を与えてしまう。

1 まみれの　　　　2 生活すると　　　3 のどに　　　　　4 部屋で

40 本店の特売コーナーでの ＿＿＿ ＿＿＿ ★ ＿＿＿ いただきます。

1 本日を　　　　　2 終了させて　　　3 もって　　　　　4 販売は

問題7 次の文章を読んで、 41 から45 の中に入る最もよいものを、1・2・
3・4から一つ選びなさい。

　まず人がいて、自分があって、そして言葉がある。言葉と人の係わりを言う
とき、そうした順序で考えられるのが、まず普通です。ただ、言葉と人との関
係について考えるなら、その順序を逆にして考えるほうがいい、とわたしは思
っています。まず言葉があって、自分があって、そして人がいるというふう
に。

　この世にあって、人にとってなくてはならないと思えるもの、毎日の生活を
ささえてきたもののほとんどすべてというのは、人がつくりだしてきたもの
です。人はさまざまなものを、つくろうとしてつくってきたし、 41 ものす
ら、しばしばつくりだします。けれども、人にとって絶対になくてはならない
ものというのは、必ずしも人のつくったものではなく、言葉もそうです。言葉
は、自分が生まれる前からずっとあって、わたしたち自身より古くて長い時間
をもっています。ですから、わたしたちは言葉のなかに生まれてくる。そし
て、自分たちがそのなかに生まれてきたもっとも古い言葉を覚える。成長する
とは、言葉を覚えるということです。つくるものでなく、あつらえるものでな
い。覚えるものが言葉です。

　毎日の経験を通して、人は言葉を覚えます。覚えるのは、目の前にある言葉
です。自分の毎日をつつんでいる言葉です。自分がそのなかに生まれてきた言
葉というものを、 42 言葉の体系というものを、自分から覚えることによ
って、人は大人になってゆく。あるいは、人間になってゆく。そういうものが、
言葉です。

　 43 、覚えて終わりでなく、覚えた言葉を自分のものにしてゆくというこ
とができないと、自分の言葉にならない本質を、言葉はそなえています。

　言葉を覚えるというのは、この世で自分は一人ではないと知るということで
す。言葉というのはつながりだからです。

　言葉を使うというのは、他者とのつながりをみずからすすんで認めるとい
うことであり、言葉を自分のものにしてゆくというのは、言葉のつくりだす
44-a とのつながりのなかに、 44-b の位置を確かめてゆくということで
す。

> 人は何でできているか。人は $\boxed{45}$ 、そういう存在なのだと思うのです。言葉は人の道具ではなく、人の素材なのだということです。

41

1 決して作れないと思われるような
2 絶対に作ろうと思わないような
3 まさか作りたいと思うような
4 たいがい誰でも作れると思われるような

42

1 よって	2 ひとまず
3 あるいは	4 とくに

43

1 にひきかえ	2 にもかかわらず
3 にもあるように	4 にいたって

44

1 a 自分 ／b 他人　　　　2 a 他人 ／b 自分
3 a 人間 ／b 自分　　　　4 a 人間 ／b 他人

45

1 毎日の生活でできている　　2 成長からできている
3 道具からできている　　　　4 言葉でできている

모의고사

제2회

言語知識
（文字・語彙・文法）

問題1 ＿＿＿＿＿の言葉の読み方として最もよいものを、1・2・3・4から一つ
　　　選びなさい。

[1] その作戦は別のチームが任務にあたる手筈になっていた。

　　　1 てはず　　　　　　2 しゅちょ　　　　　3 てした　　　　　　4 しゅはず

[2] 香は父親に聞こえないように小さく呟いた。

　　　1 はいた　　　　　　2 ささやいた　　　　3 なげいた　　　　　4 つぶやいた

[3] 人間が社会的動物だということは、この意味に於ては、人間がジャーナリ
　　　スト的存在だということである。

　　　1 あって　　　　　　2 おいて　　　　　　3 かぎって　　　　　4 ついて

[4] 「臭いものには蓋をしろ」的やり方は結局その社会を駄目にする。

　　　1 ふた　　　　　　　2 かさ　　　　　　　3 わら　　　　　　　4 たたみ

[5] 美術館の絵画が盗まれたのは脇が甘い警備体制が原因だ。

　　　1 まもり　　　　　　2 つめ　　　　　　　3 わき　　　　　　　4 きょう

[6] 7月に始まったその番組は忽ち人気番組となり、高い視聴率を誇った。

　　　1 ただち　　　　　　2 すなわち　　　　　3 あちこち　　　　　4 たちまち

問題2（　　　）に入れるのに最もよいものを、1・2・3・4から一つ選び
　　なさい。

7 港には、色とりどりの旗をつけた船が（　　　）と並んでいる。
　　1 一括　　　　　　　2 整然　　　　　　　3 綺麗　　　　　　　4 整頓

8 あなたのそういった発言が我々が（　　　）民主的で人権を無視する団体か
　　のように見られる原因なんですよ。
　　1 無　　　　　　　　2 未　　　　　　　　3 非　　　　　　　　4 不

9 殿様は都を荒らしていた鬼を（　　　）した村人にたくさんの褒美をやっ
　　た。
　　1 退治　　　　　　　2 絶滅　　　　　　　3 保護　　　　　　　4 反撃

10 このたびお客様より頂きましたご指摘は次回、必ず（　　　）させていただ
　　きます。
　　1 反響　　　　　　　2 反射　　　　　　　3 反応　　　　　　　4 反映

11 取材相手や取材場所の魅力をいかに（　　　）出すことができるかがキャス
　　ターの実力だ。
　　1 取り　　　　　　　2 差し　　　　　　　3 引き　　　　　　　4 打ち

12 気分によって会話や態度がころころと変わる感情の（　　　）が激しい人
　　は苦手です。
　　1 騒動　　　　　　　2 起伏　　　　　　　3 振動　　　　　　　4 動揺

13 弟は手術後の経過は良かったものの、一切の面会は（　　　）されていた。
　　1 制限　　　　　　　2 辞退　　　　　　　3 遠慮　　　　　　　4 謝絶

問題3 ＿＿＿＿＿の言葉に意味が最も近いものを、1・2・3・4から一つ
　　　選びなさい。

14 毎年夏になると、「電車の冷房が効きすぎだ」という批判が投書欄に載る。
　　1 掲載される　　　　2 寄せられる　　　　3 組み込まれる　　　4 採択される

15 うぐいすは雌が雄の勢力範囲内に来てカップルになったかと思うと、また別
　　の雌を求めてさえずる。
　　1 誘惑する　　　　2 張り切る　　　　3 鳴く　　　　4 飛ぶ

16 簡単に運転免許が取得できてしまうシステムは不注意なドライバーを生み
　　やすい。
　　1 けがらわしい　　2 そそっかしい　　3 みすぼらしい　　4 きまぐれな

17 このコーナーでは物事を考えていくきっかけとなるような興味深い情報を、
　　隔週でお伝えしていきます。
　　1 一ヶ月に一度　　2 三週間に一度　　3 一週間おきに　　4 毎週

18 当商品をお使いになれば、毎日の歯磨きで白い歯が確実に蘇ります！
　　1 維持され　　　　2 復活し　　　　3 生え変わり　　　4 再現され

19 子供や女性をちやほやしないのはそんなにいけないことなのだろうか。
　　1 招かない　　　　2 けなさない　　　　3 叱らない　　　　4 おだてない

問題4 次の言葉の使い方として最もよいものを、1・2・3・4から一つ
　　　 選びなさい。

20 見通し

　1 物価は安定を保ち、金融政策は現状維持が続く見通しだ。

　2 我々は日々の食生活を見通す必要性に迫られている。

　3 前澤課長は見通しによらず趣味はピアノを弾くことだ。

　4 雪が止んでいるのを見通して近所のスーパーに買い物に歩いて行った。

21 手際

　1 指先の柔軟性、手際が優れている選手は、ボールの扱いが非常に上手です。

　2 紅葉の季節なので宿の予約も難しいと諦めていたが、手際良く泊まることがで
　　 きた。

　3 気分が沈みがちになる梅雨時は、部屋に手際を明るくする色を加えましょう。

　4 仕事を手際良く進めていくために、紙にTo Doリストを書いて処理する。

22 ひいては

　1 会社の制服導入にひいては8割以上の社員が「賛成」と回答した。

　2 高等教育、大学、ひいては、それに相当する機関を修了した方が対象者と
　　 なります。

　3 人のために尽くすことが、ひいては自分のためになる。

　4 当然のことをしただけなのに、そんなことを言われると、ひいては恐縮して
　　 しまう。

23 折衷

1 両方の立場が生きる案を見込むのは難しいし、折衷案では混乱が一段と酷くなる。

2 天下折衷は統治すべき地域を一人の権力者の下で統治することだ。

3 議会は合併をめぐって折衷する事態となり、合併の基本合意は一旦白紙に戻された。

4 宗教折衷が最も大きくなる要因は、政治が絡む時である。

24 月並み

1 ここは一つ、彼らのお月並み拝見といきましょう。

2 これは本当に月並みな写真ですが、南の島の空気や風が蘇ってくる一枚です。

3 運動神経の鈍い私ですが、テニスとバドミントンだけは月並みの自信があります。

4 地球を温暖化から守ろうということでやっと首脳国の月並みが揃った。

25 下火

1 彼らは現在、日本国内で起きている社会問題に少し下火すぎるのではないか。

2 一時のブームは下火になったものの、未だに血液型で性格を判断する傾向は残っている。

3 フライパンに油を多めにひき、下火で一気に仕上げるのが、成功のこつです。

4 この物語の主人公はちょっと下火で人付き合いも苦手な、１７才の理系少年だ。

問題5　次の文の（　　　）に入れるのに最もよいものを、1・2・3・4から
　　　一つ選びなさい。

26 暑いほどの日差しだった前日に（　　　　）、翌日ははっきりしない天気だっ
た。

1 よると　　　　　　2 わたって　　　　　3 はんして　　　　4 ひきかえ

27 ゴールデンウィーク明けの平日（　　　）さすがに道路も大渋滞とまではい
かないで順調に進んだ。

1 とはいえ　　　　　2 ときたら　　　　　3 とあって　　　　4 といい

28 ラジオで聞いた曲が気に入ったのだが、インターネットで探そう（　　　）
曲のタイトルが分からない。

1 にも　　　　　　　2 だに　　　　　　　3 なり　　　　　　4 ものを

29 父は、朝から晩まで仕事一筋の働き（　　　）で、私は幼い頃、一緒に遊ん
だ記憶もない。

1 づけ　　　　　　　2 まみれ　　　　　　3 だらけ　　　　　4 ずくめ

30 華やかなホテルの仕事も、楽しいことばかりではないことを身を（　　　）知
りました。

1 限りに　　　　　　2 もって　　　　　　3 通して　　　　　4 おいて

31 お酒には強いほうなので、まさかカクテル（　　　）酔っ払うことはあるま
い! という自信過剰がいけませんでした。

1 もさることながら　　　　　　　　　2 はおろか
3 にかかわらず　　　　　　　　　　　4 ごときで

32 注文住宅（　　　　）、一生に一度と言ってもいいほどの大きな買い物だ。

1 にして　　　　　　2 ですら　　　　　　3 ともなれば　　　4 と相まって

33 あなたが着ているＴシャツ一枚に（　　　　）、大量の化学物質が使用されているのです。

1 したって　　　　　2 すると　　　　　　3 したら　　　　　4 すれば

34 近ごろ注目を集めている電子ブック・リーダーだが、今のところ、機能面の不足もあり、普及は今一歩（　　　　）。

1 といったらない　　　　　　　　　2 といったところだ
3 までだ　　　　　　　　　　　　　4 でなくてなんだろう

35 嫌なら嫌だとあの時はっきり言ってくれれば良かった（　　　　）…。

1 ことか　　　　　2 ものだから　　　3 ものを　　　　4 ばかりに

問題6 次の文の ＿★＿ に入る最もよいものを、1・2・3・4から一つ選びなさい。

（問題例）

あそこで ＿＿＿ ＿＿＿ ＿★＿ ＿＿＿ は山田さんです。

　1 テレビ　　　　2 見ている　　　3 を　　　　　4 人

（解答の仕方）

1. 正しい文はこれです。

あそこで ＿＿＿＿＿ ＿＿＿＿＿ ＿★＿＿＿ ＿＿＿＿＿ は山田さんです。
　　　　　1 テレビ　　　3 を　　2 見ている　　4 人

2. ＿★＿ に入る番号を解答用紙にマークします。

（解答用紙）　（例）　① ● ③ ④

36 個人情報が盗まれないように ＿＿＿ ＿＿＿ ★ ＿＿＿ パスワードの変更を行うことだ。

　　1 有効な　　　　　　2 するための　　　　　3 対策方法は　　　　4 頻繁に

37 眠る前に歯を磨こうと思って ＿＿＿ ＿＿＿ ＿＿＿ ★ 歯の間に挟まっているのがわかった。

　　1 口を　　　　　　　2 何かが　　　　　　　3 糸のような　　　　4 濯いだら

38 効率とスピードを ＿＿＿ ＿＿＿ ★ ＿＿＿ ライフスタイルではないだろうか。

　　1 追われているのが　　　　　　　　2 優先して
　　3 現代人の　　　　　　　　　　　　4 いつも時間に

39 近年、異常気象の ＿＿＿ ＿＿＿ ★ ＿＿＿ 大雨等による河川の氾濫が発生している。

　　1 あり　　　　　　　2 影響も　　　　　　　3 集中的な　　　　　4 全国各地で

40 「文学」と「語学」は切っても切り離せない ＿＿＿ ＿＿＿ ★ ＿＿＿ 語学力が必要です。

　　1 場合には　　　　　2 原書を読む　　　　　3 それ相応の　　　　4 関係にあり

問題7 次の文章を読んで、　41　から　45　の中に入る最もよいものを、１・２・
　　　３・４から一つ選びなさい。

　先日、出演しているテレビ番組の放送で、野菜寿司の話を取り上げました。
記事の写真には、皿の上に、寿司が７種類のっています。記事には「７貫（注1）」
と記されています。　41　、何の抵抗もなく「寿司が七貫」と読んだところリ
ハーサルで、プロデューサーから「貫はやめてください」と言われました。

　「へ？」

　プロデューサー曰く、「貫」という単位は一個の寿司でなく二個の寿司だと思
っている人もおり、誤解を　42　に、テレビでは極力使わないようになってい
るというのです。

　「いやー、しかし、寿司は貫でしょ？　これをわざわざ七個とか言い換えた
ら、『あの記者は日本語を知らない』とか電話かかってくるから、やだ」と妥
協しない　43-a　。「いやー、僕もそう思うんですけどね。一応そういうこと
になっているんですよ」と困る　43-b　。

　結局、協議の末、「寿司が七種類」と言い換え、事なきを得た（注2）のです
が、この種の言い換え、結構たくさんあるんですよね。ウサギは、かなり以前
から「一羽」でなく「一匹」と言い換えるようになっていますし、たんすの
「一棹」も、テレビでは「一個」としているそうです。

　うーん…どうなのでしょう。

　より多くの人にわかりやすく、という気持ちが　44　、元々の正しい日本語
を知っている人からしてみると、かえって妙な感じではないのでしょうか。私
の世代でも、「たんすは一棹でしょ？」と思ってしまうのですけれど。なんで
も「個」になってしまったら、日本語としての美しさもなくなってしまうので
はないでしょうか。なんでも「個」にしたがる世代に、ものを教える意味で
も、こういう単位は　45　ような気が私はするのですけれど。たんすの一棹の
棹の意味がわからないからといって、生死にかかわるような話でもないのです
から、ゆっくり辞書をひいて調べてもらえばいいわけですし。

　この調子でこんな言い換えが進んでいったら、市町村合併で、情緒のある
土地の名前がなくなっているのと同様、美しい日本語がどんどん消えていって
しまう、そんな危機感を抱いています。

(注1) 貫：現在では、握り寿司1つを「1かん」と数え、「貫」の文字を当てることが多
　　　い。一方で、2つで1かんと数える人々もいる。「かん」の語源は諸説あり定
　　　かでない。
(注2) 事なきを得る：大事にならないで済む

41

1　しかし　　　　　　　　　　　　2　当然
3　偶然　　　　　　　　　　　　　4　慎重に

42

1　招きやすいため　　　　　　　　2　買ってもいいよう
3　招きやすくするため　　　　　　4　買うよう

43

1　a 私 ／ b すし屋　　　　　　　2　a プロデューサー ／ b 私
3　a 私 ／ b プロデューサー　　　4　a すし屋 ／ b プロデューサー

44

1 理解しかねますし

2 あるのなら

3 なきにしもあらずで

4 分からないではありませんが

45

1 使った方がいい

2 どちらでもいい

3 使わなくていい

4 そのうち無くなる

모의고사

제3회

言語知識

（文字・語彙・文法）

問題1 ＿＿＿＿＿の言葉の読み方として最もよいものを、１・２・３・４から一つ
　　　選びなさい。

1　部下に会議の日時など肝腎なことを伝えるのを忘れていた。
　　　１ かんしん　　　　２ かんじん　　　　３ かんぞう　　　　４ かんそう

2　私の得意料理は野菜炒めだ。
　　　１ みょうめ　　　　２ びょうめ　　　　３ いため　　　　　４ さめ

3　最近崖から落ちる夢をよく見る。
　　　１ どけ　　　　　　２ とげ　　　　　　３ かげ　　　　　　４ がけ

4　優勝決定戦の時、横綱は凄い力で相手を投げつけた。
　　　１ すごい　　　　　２ つよい　　　　　３ はげしい　　　　４ ひどい

5　連続して事故に遭うなんて何かの呪いに違いない。
　　　１ むくい　　　　　２ つどい　　　　　３ のろい　　　　　４ わかい

6　レースで優勝し賞金を貰った。
　　　１ けった　　　　　２ うばった　　　　３ もらった　　　　４ とった

問題2（　　　）に入れるのに最もよいものを、1・2・3・4から一つ選び
　　なさい。

7 隙をつかれて敵に陣地を（　　　）しまった

　　1 受けとられて　　　　　　　　　2 引きとられて
　　3 吸いとられて　　　　　　　　　4 乗っとられて

8 人間は広い（　　　）を持つほうがいいと教授が言っていた。

　　1 範囲　　　　　　2 視覚　　　　　　3 視野　　　　　　4 規範

9 日本では結婚した相手のことを（　　　）と言う。

　　1 婚約者　　　　　2 未婚者　　　　　3 相談者　　　　　4 配偶者

10 腕に（　　　）がかかり火傷してしまった。

　　1 熱湯　　　　　　2 たき火　　　　　3 ため息　　　　　4 淡水

11 授業中、無駄話は（　　　）ようにしてください。

　　1 つりあう　　　　2 つつく　　　　　3 つまむ　　　　　4 つつしむ

12 （　　　）の夢だった富士山の登頂に成功した。

　　1 希望　　　　　　2 念願　　　　　　3 無念　　　　　　4 記念

13 この商品に対する客の（　　　）がとても良かった。

　　1 印象　　　　　　2 反応　　　　　　3 対応　　　　　　4 信頼

問題3 ＿＿＿＿の言葉に意味が最も近いものを、1・2・3・4から一つ
　　　選びなさい。

14 このドラマは田舎で育った若者たちが都会で仕事や恋に奮闘する姿を描いてい
　　　る。

　　　1 狙う　　　　　　　2 頑張る　　　　　　3 迷う　　　　　　4 溺れる

15 彼は誤解されることが嫌いなのかいつも弁解ばかりしている。

　　　1 捜査　　　　　　　2 把握　　　　　　　3 言い訳　　　　　4 喧嘩

16 電車にみすぼらしい服装をした男性が乗ってきた。

　　　1 粗末な　　　　　　2 地味な　　　　　　3 派手な　　　　　4 盛大な

17 この城の名称は大阪城です。

　　　1 地名　　　　　　　2 名所　　　　　　　3 名物　　　　　　4 名前

18 化粧品を学校に持ってきているのが見つかり、先生に没収されてしまった。

　　　1 取り上げられてしまった　　　　　　2 投げ出されてしまった
　　　3 引き上げられてしまった　　　　　　4 取り除かれてしまった

19 このような問題に対しては、無論様々な意見がでることが予想される。

　　　1 是非　　　　　　　2 当然　　　　　　　3 唯一　　　　　　4 何分

問題4　次の言葉の使い方として最もよいものを、1・2・3・4から一つ
　　　　選びなさい。

20　誘導

1　この時期はサークルの誘導が激しくなる。
2　娘が誘導され金を要求された。
3　警備の人に駐車場まで誘導してもらった。
4　甘い誘導に騙されないでください。

21　あっけない

1　ドラマのラストが予想していたよりもとてもあっけないものだった。
2　この事件は証拠が少なすぎて推理するのがあっけない。
3　今度の相手は相当あっけないから覚悟しておくように。
4　この家はだいぶ前に立てられたこともあり、見るからにあっけない。

22　うつむく

1　妹が結婚して、父は嬉しさのあまりしばらくうつむいていた。
2　試合に負けた選手たちはうつむいたままコートを去っていった。
3　全員写真に入りきらないので上の段の人は少しうつむいてください。
4　母にどのおもちゃが欲しいのと聞かれたので欲しいものをうつむいた。

23　こじれる

1　来月から営業方針を変えると言われ、社員一同こじれた。
2　このグループはデビューして長いのに未だ人気がこじれない。
3　会社の経営が突然こじれだした。
4　これ以上話しても話がこじれるだけだから弁護士を呼んで話し合おう。

24 幾多

1 彼女の料理に対してほとんどの人が<u>幾多</u>の評価をした。

2 どの世代に聞いてみてもアンケートの<u>幾多</u>の項目だけは昔と変わらなかった。

3 無駄遣いも<u>幾多</u>にしろと両親に怒られた。

4 <u>幾多</u>の困難を乗り越え、彼はオリンピックに出場できる選手にまで成長した。

25 センス

1 <u>センス</u>の引き出しにある通帳からお金を引き出してくれと母に言われた。

2 会社の同僚に服の<u>センス</u>がないと言われショックを受けた。

3 私の姉は来週から<u>センス</u>教室に通うことにしたらしい。

4 シャンプーの後は<u>センス</u>をしないと髪がくしに通らない。

問題5 次の文の（　　　）に入れるのに最もよいものを、1・2・3・4から
　　　一つ選びなさい。

26 子供たちからは溢れ（　　　）のパワーが感じられる。

　　1 んばかり　　　　　2 んがため　　　　　3 えるほど　　　　　4 かねるほど

27 お金をかける（　　　）よい肌は保てないと母が言った。

　　1 ともなしに　　　　2 ことなしに　　　　3 そばから　　　　　4 かぎりは

28 この料理は一度食べた（　　　）、あまりにもおいしくて頭から離れなく
　　なった。

　　1 ものの　　　　　　2 ごとく　　　　　　3 が最後　　　　　　4 が早いか

29 社長の車を傷つけてしまった。これは弁償（　　　）。

　　1 するにはあたらないだろう　　　　　　2 するしまつだろう
　　3 するきらいがあるだろう　　　　　　　4 しないではすまない

30 人の生死に関わる問題（　　　）みんな必死に対策を考えるでしょう。

　　1 を限りに　　　　　　　　　　　　　　2 もさることながら
　　3 ともなれば　　　　　　　　　　　　　4 たりとも

31 私の発明をみんなに説明（　　　）理解してくれる人はほとんどいないだろう。

　　1 したとたんに　　　　　　　　　　　　2 したところで
　　3 してからというもの　　　　　　　　　4 しただけあって

32 今日の彼は打撃（　　　）守備（　　　）素晴らしいプレーを見せた。

　　1 といい　　　　　2 ですら　　　　　3 であれ　　　　　4 やら

33 申し込みに間に合った（　　　）受付に誰もいず申し込みができなかった。

1　としたって　　　　　　　　　　　2　と思いきや

3　とあって　　　　　　　　　　　　4　といっても

34 天才（　　　）こんな難しい問題解けるわけがない。

1　ではあるまいし　　　　　　　　　2　のこととて

3　ながらも　　　　　　　　　　　　4　であればこそ

35 こんな難しい役ができるのは素晴らしい演技力を持っている君（　　　）
他にはいない。

1　いかんでは　　　　　　　　　　　2　といえども

3　をおいて　　　　　　　　　　　　4　とはいえ

問題6 次の文の ＿★＿ に入る最もよいものを、1・2・3・4から一つ選びなさい。

（問題例）
　　あそこで ＿＿＿ ＿＿＿ ＿★＿ ＿＿＿ は山田さんです。
　　1 テレビ　　　　2 見ている　　　3 を　　　　4 人

（解答の仕方）

1. 正しい文はこれです。

<table>
<tr><td>あそこで ＿＿＿＿＿＿ ＿＿＿＿＿＿ ＿★＿＿ ＿＿＿＿＿＿ は山田さんです。
　　　　　　1 テレビ　　　3 を　　2 見ている　　4 人</td></tr>
</table>

2. ＿★＿ に入る番号を解答用紙にマークします。

　　　　　　（解答用紙）　　（例）　① ● ③ ④

36 子供の幸せは ＿＿＿ ＿＿＿ ＿＿＿ ＿★＿ ことです。

1 までもなく　　　　　　　　　　2 言う

3 願っている　　　　　　　　　　4 両親が

37 犯人を一日でも ＿＿＿ ＿＿＿ ＿★＿ ＿＿＿ 一同一生懸命捜査している。

1 警察官　　　　　2 早く　　　　　3 すべく　　　　　4 逮捕

38 試合終了の５分前に逆転のゴールを入れられた時のことを ＿＿＿ ＿＿＿ ＿＿＿ ＿★＿ 。

1 やまない　　　　2 今でも　　　　3 悔しくて　　　　4 思い出すと

39 娘に ＿＿＿ ＿＿＿ ＿★＿ ＿＿＿ なので、床に散らばっているものを全部捨てた。

1 部屋の片付けを　　　　　　　　2 何度言っても

3 散らかしっぱなし　　　　　　　4 せず

40 私の父はこの会社に20年以上勤務しているが ＿＿＿ ＿★＿ ＿＿＿ ＿＿＿ 昇進できていない。

1 課長　　　　　2 はおろか　　　　3 にも　　　　　4 部長

問題7 次の文章を読んで、 41 から 45 の中に入る最もよいものを、１・２・
　　　３・４から一つ選びなさい。

　　人間、やらなければならないことが、山ほどある。しかし、どうでもいいこ
とをやることも、また大事だ。必要なことだけをやって過ごす人生などという
ものは、むなしい。ちょっとした小さなことで心が弾めば、また次の週も元気
で働くことが 41 。
　　この一冊を書きながら、つくづく思ったことは、古くさいようだが＜いい加
減＞ということである。ふつう一般に、いい加減といえば、適当に物ごとをと
り扱うことをいう。「いい加減な運転は事故のもとだよ」などと使われる。し
かし、「お湯の加減はどう？」などときかれて、「うん、ちょうどいい湯加減だ
よ」と答える場合には、望ましい状態にあることをいうようだ。熱すぎもせ
ず、ぬるすぎもしない、ちょうどいいバランスをたもったときが、本当は＜い
い加減＞なのではあるまいか。 42 、そのことは実はなかなか難しいことな
のだ。
　　左右にかたよらず、目指す地点に近づくことは大事なことである。しかし、
私たちは黒白どちらかに行き過ぎることが多い。働くといえば働きっぱなし、
休むといえばゆるみっぱなしになりがちなのが人間というものらしい。酒は百
薬の長、などという。酒をいい加減に飲めば心身にいい影響があることはたし
かだ。しかし、どこをもってその理想的な地点とするのか。ここに 43 はな
いと私は思う。私は宇宙天地の間に、ただ一人の私なのだ。同じ人間は地球
上にいない。そうとなれば、私 44-a の基準をさがし、それを目標にする
しかない。日々の労働の場においては、そこまで個人を主張できるわけではな
い。私たちは 44-b の規則にしたがわなければ暮らしていけないのだ。し
かし、自分の休日は、自分でやりたいことをやる。ほかの人から見てばかばか
しいと 45 、そこは個人の世界である。

41

1 できないというものではない
2 できるのではあるまいか
3 できるまでのことだ
4 できるわけがない

42

1 そして　　　　　　　　　　2 そのため
3 ゆえに　　　　　　　　　　4 なお

43

1 積極的な基準　　　　　　　2 主観的な基準
3 直接的な基準　　　　　　　4 一般的な基準

44

1 a 他人 ／ b 無数
2 a 個人 ／ b 共通
3 a 個人 ／ b 無数
4 a 他人 ／ b 共通

45

1 思ってしまおうが
2 思われるまで
3 思われようが
4 思うものの

정답

정답

명사

확인문제-1

問題 1
| 1. 4 | 2. 1 | 3. 3 | 4. 2 |
| 5. 3 | 6. 4 | 7. 1 | 8. 1 |

問題 2
| 1. 4 | 2. 3 | 3. 2 | 4. 3 |
| 5. 1 | 6. 4 | 7. 2 | 8. 4 |

問題 3
| 1. 1 | 2. 3 | 3. 4 | 4. 2 |
| 5. 4 | 6. 1 | 7. 3 | 8. 1 |

問題 4
| 1. 3 | 2. 1 | 3. 4 |

확인문제-2

問題 1
| 1. 4 | 2. 1 | 3. 2 | 4. 3 |
| 5. 4 | 6. 1 | 7. 4 | 8. 2 |

問題 2
| 1. 3 | 2. 1 | 3. 1 | 4. 3 |
| 5. 4 | 6. 3 | 7. 2 | 8. 1 |

問題 3
| 1. 3 | 2. 4 | 3. 1 | 4. 2 |
| 5. 4 | 6. 2 | 7. 3 | 8. 4 |

問題 4
| 1. 2 | 2. 4 | 3. 1 |

확인문제-3

問題 1
| 1. 1 | 2. 4 | 3. 2 | 4. 3 |
| 5. 3 | 6. 1 | 7. 4 | 8. 1 |

확인문제-4

問題 1
| 1. 1 | 2. 3 | 3. 2 | 4. 4 |
| 5. 1 | 6. 3 | 7. 4 | 8. 2 |

問題 2
| 1. 2 | 2. 1 | 3. 4 | 4. 3 |
| 5. 4 | 6. 1 | 7. 2 | 8. 3 |

問題 3
| 1. 3 | 2. 1 | 3. 4 | 4. 2 |
| 5. 3 | 6. 1 | 7. 4 | 8. 2 |

問題 4
| 1. 4 | 2. 2 | 3. 1 |

확인문제-5

問題 1
| 1. 4 | 2. 1 | 3. 1 | 4. 3 |
| 5. 2 | 6. 4 | 7. 2 | 8. 1 |

問題 2
| 1. 3 | 2. 4 | 3. 2 | 4. 1 |
| 5. 4 | 6. 3 | 7. 2 | 8. 3 |

問題 3
| 1. 4 | 2. 1 | 3. 2 | 4. 3 |
| 5. 2 | 6. 1 | 7. 4 | 8. 3 |

問題 4
| 1. 4 | 2. 2 | 3. 2 |

확인문제-6

問題 1

1. 2	2. 3	3. 1	4. 4
5. 2	6. 4	7. 1	8. 3

問題 2

1. 3	2. 2	3. 1	4. 4
5. 1	6. 4	7. 2	8. 3

問題 3

1. 1	2. 3	3. 2	4. 4
5. 2	6. 3	7. 1	8. 4

問題 4

1. 4	2. 3	3. 1

확인문제-7

問題 1

1. 1	2. 3	3. 1	4. 4
5. 4	6. 3	7. 2	8. 4

問題 2

1. 1	2. 3	3. 4	4. 2
5. 3	6. 4	7. 1	8. 3

問題 3

1. 4	2. 2	3. 1	4. 3
5. 2	6. 1	7. 3	8. 4

問題 4

1. 2	2. 4	3. 1

い형용사

확인문제

問題 1

1. 1	2. 3	3. 4	4. 3
5. 4	6. 3	7. 2	8. 4

問題 2

1. 4	2. 2	3. 3	4. 1
5. 3	6. 4	7. 1	8. 1

問題 3

1. 3	2. 1	3. 1	4. 3
5. 2	6. 1	7. 4	8. 4

問題 4

1. 4	2. 1	3. 1

な형용사

확인문제

問題 1

1. 2	2. 1	3. 3	4. 3
5. 2	6. 4	7. 1	8. 4

問題 2

1. 4	2. 3	3. 2	4. 4
5. 1	6. 3	7. 3	8. 1

問題 3

1. 1	2. 4	3. 2	4. 3
5. 3	6. 2	7. 4	8. 1

問題 4

1. 4	2. 1	3. 1

동사

확인문제-1

問題 1

1. 4	2. 2	3. 4	4. 3
5. 2	6. 1	7. 4	8. 3

問題 2

1. 4	2. 1	3. 2	4. 4
5. 3	6. 4	7. 3	8. 1

問題 3

1. 2	2. 1	3. 4	4. 4
5. 1	6. 2	7. 4	8. 3

問題 4

1. 1	2. 2	3. 1

확인문제-2

問題 1

1. 4 2. 1 3. 3 4. 3
5. 4 6. 2 7. 1 8. 3

問題 2

1. 2 2. 3 3. 4 4. 1
5. 3 6. 4 7. 2 8. 3

問題 3

1. 3 2. 1 3. 2 4. 4
5. 4 6. 2 7. 3 8. 3

問題 4

1. 4 2. 2 3. 2

확인문제-3

問題 1

1. 4 2. 2 3. 3 4. 4
5. 1 6. 2 7. 1 8. 3

問題 2

1. 1 2. 3 3. 1 4. 4
5. 1 6. 2 7. 4 8. 3

問題 3

1. 1 2. 4 3. 2 4. 4
5. 4 6. 1 7. 3 8. 3

問題 4

1. 2 2. 4 3. 3

복합동사

확인문제

問題 1

1. 1 2. 3 3. 4 4. 1
5. 4 6. 3 7. 1 8. 3

問題 2

1. 2 2. 4 3. 1 4. 3

5. 2 6. 3 7. 4 8. 3

問題 3

1. 1 2. 2 3. 2 4. 1
5. 4 6. 3 7. 4 8. 1

問題 4

1. 2 2. 4 3. 3

부사

확인문제

問題 1

1. 4 2. 1 3. 3 4. 2
5. 4 6. 1 7. 3 8. 4

問題 2

1. 3 2. 4 3. 1 4. 1
5. 3 6. 1 7. 3 8. 4

問題 3

1. 1 2. 3 3. 4

가타카나

확인문제

問題 1

1. 1 2. 3 3. 2 4. 4
5. 2 6. 2 7. 4 8. 3

問題 2

1. 1 2. 2 3. 3 4. 4
5. 2 6. 3 7. 3 8. 4

問題 3

1. 2 2. 3 3. 4

그 외

확인문제

問題 1

1. 4	2. 2	3. 4	4. 2
5. 3	6. 4	7. 1	8. 2

問題 2

1. 2	2. 3	3. 4	4. 2
5. 4	6. 1	7. 2	8. 3

問題 3

1. 1	2. 4	3. 2	4. 1
5. 3	6. 1	7. 3	8. 2

問題 4

1. 2	2. 1	3. 4

확인문제-1

問題 5

1. 3	2. 4	3. 4	4. 1	5. 2
6. 2	7. 1	8. 2	9. 4	10. 1
11. 3	12. 4	13. 1	14. 2	15. 3
16. 1	17. 4	18. 2	19. 1	20. 4

問題 6

1. 4	2. 3	3. 1	4. 3	5. 3
6. 1	7. 4	8. 1	9. 4	10. 1

問題 7

1. 3	2. 4	3. 1	4. 1	5. 2
6. 4	7. 3	8. 1	9. 2	10. 4

확인문제-2

問題 5

1. 2	2. 1	3. 1	4. 4	5. 3
6. 1	7. 2	8. 4	9. 1	10. 2
11. 3	12. 3	13. 1	14. 4	15. 1
16. 4	17. 3	18. 1	19. 1	20. 2

問題 6

1. 4	2. 3	3. 3	4. 4	5. 3
6. 2	7. 4	8. 4	9. 4	10. 1

問題 7

1. 3	2. 1	3. 4	4. 1	5. 3
6. 2	7. 4	8. 2	9. 3	10. 1

확인문제-3

問題 5

1. 3	2. 1	3. 2	4. 4	5. 2
6. 1	7. 4	8. 2	9. 2	10. 1
11. 3	12. 3	13. 2	14. 1	15. 1
16. 3	17. 4	18. 1	19. 3	20. 2

問題 6

1. 2	2. 3	3. 1	4. 4	5. 2
6. 1	7. 2	8. 2	9. 4	10. 3

問題 7

1. 4	2. 1	3. 2	4. 4	5. 3
6. 1	7. 1	8. 4	9. 2	10. 3

확인문제-4

問題5

1. 2	2. 3	3. 4	4. 1	5. 3
6. 3	7. 1	8. 2	9. 1	10. 4
11. 2	12. 1	13. 1	14. 4	15. 2
16. 2	17. 3	18. 2	19. 1	20. 3

問題 6

1. 3	2. 3	3. 3	4. 1	5. 3
6. 3	7. 4	8. 3	9. 1	10. 4

問題 7

1. 2	2. 3	3. 1	4. 2	5. 3
6. 1	7. 2	8. 4	9. 3	10. 1

확인문제-5

問題 5

1. 2	2. 1	3. 3	4. 1	5. 4
6. 2	7. 2	8. 3	9. 2	10. 1
11. 1	12. 4	13. 2	14. 1	15. 2
16. 1	17. 3	18. 4	19. 1	20. 2
21. 3	22. 1			

問題 6

1. 4	2. 1	3. 2	4. 1	5. 3
6. 3	7. 3	8. 2	9. 2	10. 1

問題 7

1. 1	2. 3	3. 2	4. 1	5. 4
6. 2	7. 3	8. 3	9. 1	10. 4
11. 2	12. 4			

확인문제-6

問題5

1. 4	2. 2	3. 1	4. 1	5. 3
6. 2	7. 2	8. 4	9. 1	10. 4
11. 4	12. 2	13. 1	14. 2	15. 1
16. 3	17. 2	18. 1	19. 3	20. 3
21. 1	22. 3	23. 4	24. 3	25. 2
26. 1	27. 3	28. 4		

問題6

1. 3	2. 2	3. 1	4. 1	5. 4
6. 4	7. 3	8. 4	9. 2	10. 1
11. 1	12. 2	13. 4	14. 4	

問題7

1. 2	2. 3	3. 2	4. 1	5. 4
6. 1	7. 3	8. 2	9. 1	10. 4
11. 4	12. 3			

問題1

1. 1	2. 1	3. 4	4. 3
5. 1	6. 2		

問題2

7. 1	8. 4	9. 3	10. 2
11. 1	12. 1	13. 1	

問題3

14. 4	15. 2	16. 4	17. 1
18. 3	19. 2		

問題4

20. 3	21. 3	22. 1	23. 3
24. 4	25. 1		

問題5

26. 4	27. 4	28. 4	29. 2
30. 1	31. 3	32. 2	33. 2
34. 3	35. 2		

問題6

36. 2	37. 2	38. 4	39. 1	40. 3

問題7

41. 1	42. 3	43. 2	44. 2	45. 4

問題1

1. 1   2. 4   3. 2   4. 1
5. 3   6. 4

問題2

7. 2   8. 3   9. 1   10. 4
11. 3   12. 2   13. 4

問題3

14. 1   15. 3   16. 2   17. 3
18. 2   19. 4

問題4

20. 1   21. 4   22. 3   23. 1
24. 2   25. 2

問題5

26. 4   27. 3   28. 1   29. 4
30. 2   31. 4   32. 3   33. 1
34. 2   35. 3

問題6

36. 3   37. 2   38. 1   39. 4   40. 1

問題7

41. 2   42. 1   43. 3   44. 4   45. 1

問題1

1. 2   2. 3   3. 4   4. 1
5. 3   6. 3

問題2

7. 4   8. 3   9. 4   10. 1
11. 4   12. 2   13. 2

問題3

14. 2   15. 3   16. 1   17. 4
18. 1   19. 2

問題4

20. 3   21. 1   22. 2   23. 4
24. 4   25. 2

問題5

26. 1   27. 2   28. 3   29. 4
30. 3   31. 2   32. 1   33. 2
34. 1   35. 3

問題6

36. 3   37. 3   38. 1   39. 4   40. 2

問題7

41. 2   42. 1   43. 4   44. 2   45. 3

해답 용지

1교시
모의고사

N1 言語知識（文字・語彙・文法）・読解　解答用紙

受　験　番　号 Examinee Registration Number	
名　前 Name	

< ちゅうい　Notes　>

1. くろいえんぴつ（HB、No.2）で かいてください。
   Use a black medium soft (HB or No.2) pencil.

2. かきなおすときは、けしゴムで きれいにけしてください。
   Erase any unintended marks completely.

3. きたなくしたり、おったりしないで ください。
   Do not soil or bend this sheet.

4. マークれい　Marking examples

よい Correct	わるい Incorrect
●	⊘ ◐ ○ ◑ ⊖ ◑ ◖ ◗

問 題 1

1	①	②	③	④
2	①	②	③	④
3	①	②	③	④
4	①	②	③	④
5	①	②	③	④
6	①	②	③	④

問 題 2

7	①	②	③	④
8	①	②	③	④
9	①	②	③	④
10	①	②	③	④
11	①	②	③	④
12	①	②	③	④
13	①	②	③	④

問 題 3

14	①	②	③	④
15	①	②	③	④
16	①	②	③	④
17	①	②	③	④
18	①	②	③	④
19	①	②	③	④

問 題 4

20	①	②	③	④
21	①	②	③	④
22	①	②	③	④
23	①	②	③	④
24	①	②	③	④
25	①	②	③	④

問 題 5

26	①	②	③	④
27	①	②	③	④
28	①	②	③	④
29	①	②	③	④
30	①	②	③	④
31	①	②	③	④
32	①	②	③	④
33	①	②	③	④
34	①	②	③	④
35	①	②	③	④

問 題 6

36	①	②	③	④
37	①	②	③	④
38	①	②	③	④
39	①	②	③	④
40	①	②	③	④

問 題 7

41	①	②	③	④
42	①	②	③	④
43	①	②	③	④
44	①	②	③	④
45	①	②	③	④

問 題 8

46	①	②	③	④
47	①	②	③	④
48	①	②	③	④
49	①	②	③	④

問 題 9

50	①	②	③	④
51	①	②	③	④
52	①	②	③	④
53	①	②	③	④
54	①	②	③	④
55	①	②	③	④
56	①	②	③	④
57	①	②	③	④
58	①	②	③	④

問 題 10

59	①	②	③	④
60	①	②	③	④
61	①	②	③	④
62	①	②	③	④

問 題 11

63	①	②	③	④
64	①	②	③	④
65	①	②	③	④

問 題 11

66	①	②	③	④
67	①	②	③	④
68	①	②	③	④
69	①	②	③	④

問 題 8

70	①	②	③	④
71	①	②	③	④

N1 言語知識（文字・語彙・文法）・読解　解答用紙

<table>
<tr><td>受　験　番　号
Examinee Registration Number</td><td></td></tr>
</table>

<table>
<tr><td>名　前
Name</td><td></td></tr>
</table>

<　ちゅうい　Notes　>

1. くろいえんぴつ（HB、No.2）で
かいてください。
Use a black medium soft
(HB or No.2) pencil.

2. かきなおすときは、けしゴムで
きれいにけしてください。
Erase any unintended marks
completely.

3. きたなくしたり、おったりしないで
ください。
Do not soil or bend this sheet.

4. マークれい　Marking examples

よい Correct	わるい Incorrect
●	⊘ ◌ ◯ ◍ ⊝ ◐ ◑ ◯

問題 1

1	①	②	③	④
2	①	②	③	④
3	①	②	③	④
4	①	②	③	④
5	①	②	③	④
6	①	②	③	④

問題 2

7	①	②	③	④
8	①	②	③	④
9	①	②	③	④
10	①	②	③	④
11	①	②	③	④
12	①	②	③	④
13	①	②	③	④

問題 3

14	①	②	③	④
15	①	②	③	④
16	①	②	③	④
17	①	②	③	④
18	①	②	③	④
19	①	②	③	④

問題 4

20	①	②	③	④
21	①	②	③	④
22	①	②	③	④
23	①	②	③	④
24	①	②	③	④
25	①	②	③	④

問題 5

26	①	②	③	④
27	①	②	③	④
28	①	②	③	④
29	①	②	③	④
30	①	②	③	④
31	①	②	③	④
32	①	②	③	④
33	①	②	③	④
34	①	②	③	④
35	①	②	③	④

問題 6

36	①	②	③	④
37	①	②	③	④
38	①	②	③	④
39	①	②	③	④
40	①	②	③	④

問題 7

41	①	②	③	④
42	①	②	③	④
43	①	②	③	④
44	①	②	③	④
45	①	②	③	④

問題 8

46	①	②	③	④
47	①	②	③	④
48	①	②	③	④
49	①	②	③	④

問題 9

50	①	②	③	④
51	①	②	③	④
52	①	②	③	④
53	①	②	③	④
54	①	②	③	④
55	①	②	③	④
56	①	②	③	④
57	①	②	③	④
58	①	②	③	④

問題 10

59	①	②	③	④
60	①	②	③	④
61	①	②	③	④
62	①	②	③	④

問題 11

63	①	②	③	④
64	①	②	③	④
65	①	②	③	④

問題 11

66	①	②	③	④
67	①	②	③	④
68	①	②	③	④
69	①	②	③	④

問題 8

70	①	②	③	④
71	①	②	③	④

N1　言語知識（文字・語彙・文法）・読解　解答用紙

受　験　番　号　Examinee Registration Number	名　前　Name

<　ちゅうい　Notes　>

1. くろいえんぴつ（HB、No.2）で
   かいてください。
   Use a black medium soft
   (HB or No.2) pencil.

2. かきなおすときは、けしゴムで
   きれいにけしてください。
   Erase any unintended marks
   completely.

3. きたなくしたり、おったりしないで
   ください。
   Do not soil or bend this sheet.

4. マークれい　Marking examples

よい Correct	わるい Incorrect
●	◌ ◌ ◌ ◌ ◌ ◌ ◌

問　題　1

1	①	②	③	④
2	①	②	③	④
3	①	②	③	④
4	①	②	③	④
5	①	②	③	④
6	①	②	③	④

問　題　2

7	①	②	③	④
8	①	②	③	④
9	①	②	③	④
10	①	②	③	④
11	①	②	③	④
12	①	②	③	④
13	①	②	③	④

問　題　3

14	①	②	③	④
15	①	②	③	④
16	①	②	③	④
17	①	②	③	④
18	①	②	③	④
19	①	②	③	④

問　題　4

20	①	②	③	④
21	①	②	③	④
22	①	②	③	④
23	①	②	③	④
24	①	②	③	④
25	①	②	③	④

問　題　5

26	①	②	③	④
27	①	②	③	④
28	①	②	③	④
29	①	②	③	④
30	①	②	③	④
31	①	②	③	④
32	①	②	③	④
33	①	②	③	④
34	①	②	③	④
35	①	②	③	④

問　題　6

36	①	②	③	④
37	①	②	③	④
38	①	②	③	④
39	①	②	③	④
40	①	②	③	④

問　題　7

41	①	②	③	④
42	①	②	③	④
43	①	②	③	④
44	①	②	③	④
45	①	②	③	④

問　題　8

46	①	②	③	④
47	①	②	③	④
48	①	②	③	④
49	①	②	③	④

問　題　9

50	①	②	③	④
51	①	②	③	④
52	①	②	③	④
53	①	②	③	④
54	①	②	③	④
55	①	②	③	④
56	①	②	③	④
57	①	②	③	④
58	①	②	③	④

問　題　10

59	①	②	③	④
60	①	②	③	④
61	①	②	③	④
62	①	②	③	④

問　題　11

63	①	②	③	④
64	①	②	③	④
65	①	②	③	④

問　題　11

66	①	②	③	④
67	①	②	③	④
68	①	②	③	④
69	①	②	③	④

問　題　8

70	①	②	③	④
71	①	②	③	④

▶ 이종권

현) 이종권일본어학원 원장

일본문부성 국비장학생
1991년 이후 일본어 교육에 종사
국내 최초 일본유학시험(EJU)반 개설 운영 중
현재 NEW(신)일본어능력시험반과 일본유학시험반 강의 중

전) 시사일본어학원 교수부장 및 본부장
현) 이종권 일본어학원 원장 겸 시험대비 강사

▶ 저서

일본어능력시험 혼자서도 자신 있게 1급 한번에 합격하기
일본어능력시험 혼자서도 자신 있게 2급 한번에 합격하기
일본어능력시험 혼자서도 자신 있게 3급 한번에 합격하기
그 외 다수

▶ 연구원
上坂桃子 / 右田明子 / 木下真理子 / 안혜원

판권

저자 **이종권**
초판 1쇄 인쇄 2010년 4월 26일
초판 2쇄 인쇄 2010년 10월 22일

발행인 **박효상**
편집책임 **임수진**
편집 **김진아**
디자인책임 **손정수**
마케팅책임 **이종선**
마케팅 **이태호, 이전희**

발행처 **사람in**
출판등록 제 10-1835호
주소 121-839 서울 마포구 서교동 378-16 4F
전화 02.338.3555 팩스 02.338.3545
e-mail saramin@netsgo.com homepage www.saramin.com

만든사람들
책임편집 **김진아**
본문 표지 디자인 **홍수미**

※책값은 뒤표지에 있습니다. ※파본은 구입하신 곳에서 바꾸어 드립니다.
ⓒ 이종권 2010

978-89-6049-156-4   13730

JPT백과사전

『JPT백과사전』은 JPT대비서 중 최대, 최고, 최강의 교재라 자부합니다.

- 最大 – JPT대비서 중 가장 많은 2,000여 문제를 한 권에 담았습니다.
- 最高 – JPT만을 10년 넘게 강의한 최고수 저자의 역량을 한 권에 담았습니다.
- 最强 – 현재 출간된 JPT 교재 중 최강 수험서임을 자부합니다.

강성광 / 926 / CD 1 / 28,000 / B5

JPT 독해 달인이 되는 법

- 연습문제 풀이에 앞서 중요도에 따른 문법 · 문형 및 핵심 어휘를 체크하고 실전 문제에 대한 적응력을 높이게 하는데 중점을 두었습니다.
- JPT에 자주 출제되는 문법 · 문형 · 어휘를 문제로 제시하고, 해설을 제공하였습니다.
- JPT 핵심 어휘에서 가장 많이 틀리는 부분을 점검하고 보충하였습니다.

강성광 / 344 / 18,000 / B5

JPT 청해 달인이 되는 법

- 청해파트를 풀기 위한 기본이 되는 사항들을 네 개 파트별로 알차게 수록하였습니다.
- JPT 기출문제를 바탕으로 출제가능한 문제를 폭넓게 다루었습니다.
- 파트별 연습문제, 실전모의고사를 통하여 실제시험에 완벽하게 대비할 수 있습니다.

강성광 / 416 / CD 3 / 25,000 / B5

일본어의 재미와 감동을 사람in이 드립니다.

러브스토리 일본어

저자 : 오쿠무라 유지, 임단비 판형 : B5
정가 : 13,600원 (MP3 음원 제공)

- 러브 스토리라는 흥미로운 소재를 이용하여 독해를 재미있게 배울 수 있습니다.
- 다양한 에피소드들 속에 어휘는 물론 문화까지 소개하였습니다.
- 최신 일본어로 일본어 감각도 끌어올릴 수 있습니다.

일본어다운 생활문화 일본어

저자 : 오쿠무라 유지, 임단비 판형 : B5
정가 : 12,000원 (MP3 음원 제공)

일상생활에서 전통문화까지 한층 풍성한 일본어 어휘와 표현을 익히는 책!

일본어다운 생활문화 일본어는 '집안거리, 먹을거리, 자랑거리, 느낄거리, 큰일거리, 일거리, 길거리, 하늘거리, 놀거리, 1년 놀거리'의 10가지 테마별 생활과 문화를 담은 어휘 표현집입니다.